ENSEÑANZAS
ESPIRITUALES
(CON MENSAJES DEL MAESTRO ENOCH)

Copyright © 2013 Dra. Akalisun López
Autora © Dra. Akalisun López
Diseño de portada: José Casellas
Corrección: José Casellas
ISBN-13: 978-1494213220
ISBN-10: 1494213222
Depósito legal: V-1928-13

Email:Akalisun@gmail.com
Web: www.akalisun.com
Facebook: www.facebook.com/akalisun
Videos: www.vimeo.com/akalisun |
www.youtube.com/user/cybermarkitos08

INDICE

Enseñanzas   Páginas

	Dedicatoria..	4
	Prologo	5
1°	Que es la espiritualidad........................	7
2°	Pórque estamos aquì...............................	17
3°	Cual es tu potencial	29
4°	40 dias de limpieza	36
5°	Los miedos	44
6°	Como enfrentarse a las crisis	54
7°	Porque se repiten las lecciones..............	64
8°	Porque ser vegetariano	73
9°	La madre tierra...	81
10°	Que está pasando en el planeta tierra	92
11°	Aprender a discernir	106
12°	Actuando como humanos siendo divinos	116
13°	Camino impersonal y el poder de la mente ..	129

DEDICATORIA

Este libro está dedicado a:
Marina y Mirta: Por su amor y amistad.
Carlos: Por estar ahí siempre que lo he necesitado.
Camille: Por permitirme llevar el mensaje en su programa de radio.
Mi agradecimiento a las gentes de Puerto Rico que confiaron en mí. También al grupo de Orlando al que tanto tengo que agradecer sin la ayuda de todos ellos estoy segura que no habría podido llegar hasta aquí.

Os amo con el amor infinito
Al servicio
AKALISUN

PROLOGO

El Maestro Enoch me indicó que escribiera este libro para facilitar el proceso de todos los seres humanos que quieren crecer y ser cada día mejor. Todos somos eternamente alumnos y maestros.

Cuando en el año 1988 se me dijo que me tenía que preparar para ser una buena guía espiritual, me sentí mal porque sabía que no estaba preparada, y lo que es peor, me vi perdida y sin saber por dónde empezar. Por eso busqué ayuda en otros seres humanos que eran considerados maestros espirituales, y así fui pasando de un desengaño a otro porque no encontré en ellos lo buscado. Esta búsqueda me llevo a que unos y otros se aprovecharan de mis buenos deseos y la ilusión, poco a poco, se fue convirtiendo en decepción.

En ese momento no sabía que lo realmente importante es el mensaje y no el mensajero. Gracias a todos ellos he podido llegar hasta aquí, por lo que les estoy eternamente agradecida, especialmente a mis Maestros Espirituales que han estado junto a mí a pesar de mis errores y de mis caídas. Se aprende más de los errores que de los aciertos, aunque lo que más me ha costado aprender es no buscar fuera lo que llevamos dentro. Por eso escribo este manual con el deseo de facilitaros este proceso que para mí ha sido difícil y solitario, pero también enriquecedor y fascinante.

En este manual trasmito mi experiencia personal, pero lo más importante son los mensajes del Maestro Enoch que he canalizado en estos años y que tanto me han enseñado. A diferencia de otros Maestros Espirituales, Enoch enseña sobre la vida diaria, nos ayuda a encontrar el lado bueno de las cosas y contesta preguntas que todos nos hacemos.

Espero y deseo que este manual os ayude y facilite vuestro caminar por la senda espiritual.

Con amor al servicio. Akalisun

1 -ENSEÑANZA

¿QUE ES LA ESPIRITUALIDAD?

El querer ser más espiritual implica una serie de cambios y sacrificios en nuestra vida. Muchos se llaman espirituales y lo único que han hecho es sustituir una cosa que ya no les satisfacía por otra más novedosa. No han entendido que ser espiritual es un trabajo continuo que te obliga a una serie de cambios que no tienes más remedio que aceptar. Algunos eligen el camino espiritual sencillamente porque no les gusta su vida. Buscan un aliciente o apoyo para seguir viviendo. Otros porque encuentran en esto un alimento para sus egos. Estos son los que quieren saberlo todo, hacen todos los cursos que pueden pero luego no ponen nada en práctica. Pierden el dinero y lo que es peor, el tiempo que podían dedicarlo a trabajar para ser felices. Los hay que lo único que les interesa es el poder que da el conocimiento y saber más que nadie. Estos son los más peligrosos porque no tienen escrúpulos, se aprovechan de las buenas intenciones y bondades de las gentes y se creen que por hacer un curso de un fin de semana son expertos en la materia.

La espiritualidad es querer ser cada día mejor y para ello se tiene que trabajar mucho y dejar en el camino muchas cosas. También dejar ir a gente que no están ya en tu vibración. Pensar de forma diferente generando nuevas ideas, cambiar las costumbres y conceptos, que ya han quedado obsoletos en definitiva, cambiar el "chip" mental. Hasta ahora teníamos una información que nos era válida y nos conformábamos con las respuestas que nos daban pero eso ha cambiado. La aceleración por la que está pasando este planeta hace que muchas cosas estén cambiando y muy aprisa. Por supuesto, la raza humana como ser vinculado a la tierra, también tiene que cambiar. No podemos quedarnos en el hombre viejo que éramos, tenemos que ser ese hombre capaz de ver las cosas bajo otro prisma. Sin miedos, con valentía y buscando la información que no tengamos y que necesitemos. Tampoco puedes quedarte con lo primero que te dice una persona que todo lo que transmite está basado en su experiencia personal y su forma de ser, o peor aun creer que la verdad única es aquella que está sacada de los libros escritos por hombres y manipulada según su conveniencia.

En la Era de Piscis los hombres actuaban bajo unas creencias que les marcaban en todos los aspectos de su vida y verdaderas o no, nadie las ponía en tela de juicio. El poder personal no existía, estaban supeditados a las distintas religiones, creencias y costumbres.

Era de Piscis, hombre viejo:
Cree que Dios es juez y vengativo
Cree que Dios está fuera de él
Merece castigo por sus pecados
Nace siendo un pecador

En este momento la raza humana ha evolucionado y lo que antes eran unas verdades incuestionables se han convertido en unas enseñanzas sin sentido. En su tiempo sirvieron a unos humanos que tenían una conciencia muy limitada, pero ya ha llegado el momento de quitar la paja de la semilla y comportarnos como lo que somos, hijos de Dios, co-creadores con Él.

Era de Acuario, hombre nuevo
Sabe que Dios está dentro de él
Somos capaces de crear con nuestros pensamientos
Todos los seres tenemos derecho a ser felices
No existe el pecado
No existe ni el mal ni el bien, todo es adecuado si aprendemos de nuestras acciones

La primera vez que uno de mis Maestros me dijo esto último yo no lo entendí ni lo acepte, así que quiero explicároslo:
Cada ser humano está en una vibración determinada. Según su vibración actuará. Tú y yo seríamos incapaces de matar ya sea en nombre de una nación de un partido político o de unas ideas religiosas. Sin embargo, hay gente que espiritualmente aun están dormidos y creen que si hacen un atentado terrorista llegan a Dios más fácilmente. Tienen que evolucionar para darse cuenta del daño que causan y de lo inútil de sus actos. De ahí lo de que no hay ni bien ni mal. Claro que es malo matar pero para la conciencia tan limitada del terrorista es un bien porque cree que con ese acto esta con Dios.

Entonces, cuando un día descorremos el velo de la ignorancia y decidimos buscar respuestas a preguntas que nos hemos hecho a lo largo de nuestra vida como: ¿Quién soy? ¿A qué he venido a hacer aquí? ¿Cuál es mi misión? Solo en ese momento nos encontramos con que se abre un nuevo mundo ante nuestros ojos, un mundo que nos da la posibilidad de:

HUIR: De una realidad que no nos gusta.

BUSCAR: Respuestas a las preguntas que nos hacemos.

CONECTAR: Con otras realidades que hacen que nos olvidemos de la nuestra.

ENCONTRARNOS: Con nuevas capacidades que no sabíamos que teníamos.

DESCUBRIR: Que lo que nos ha pasado a nosotros también le ha ocurrido a otras gentes.

CREAR: nuestra propia religión.

SENTIR: Que no estamos solos.

RECONOCER: Nuestras propias debilidades y potencialidades.

PENSAR: Poco a poco de forma diferente e individual.

ABRIRNOS: A las verdades del Universo.

APRENDER: El desapego y no atarte a nada ni a nadie.

SACRIFICAR: Tus deseos siempre que sea necesario.

AMARTE: Para poder amar a los demás.

VIVIR: El día a día como si fuera el último de tu vida.

DAR: A los demás lo que quieres que te den a ti.

SERVIR: A todo aquel que necesite ser servido.

Esto último quizás es una de las enseñanzas más difíciles de transmitir porque se tiene que sentir. Si tu no sientes que tienes que servir al prójimo es muy difícil que lo hagas porque ni siquiera te darás cuenta cuando el Universo te dé la oportunidad. Ante tus ojos pasará desapercibida. Es importante que tengas el concepto claro. Si no estás dispuesto a servir no has entrado aun al mundo espiritual.

Cuando entras al mundo espiritual se van produciendo los cambios a tu alrededor. Parece que el mundo se hunde bajo tus pies. Habrá momentos que querrás huir porque sientes que se te exige demasiado, pero déjame decirte que, si bien es cierto que se exige cada vez más, también es cierto que vale la pena todo sacrificio y cambio que tengas que dar en tu vida porque la recompensa habrá valido la pena. El mundo del crecimiento espiritual te enseña que aquello que te estanca o te causa desarmonía, ya sea personas o cosas, hay que cambiarlo o eliminarlo de tu vida. Es curioso cómo se repite esta historia... mujer u hombre que se separa después de muchos años de convivencia y se dedica a estudiar metafísica y temas espirituales. ¿Te suena verdad? Cabría preguntarse si es necesario separarse para ser más espiritual. No creo que sea necesario, pero si es cierto que muchas personas no entran conscientemente al mundo del crecimiento personal hasta que no se separan. Si no lo hacen antes es quizás por miedo al que dirá su marido o porque estaban muy cómodas o bien porque la separación le ha supuesto tanto dolor que necesitan el bálsamo de la espiritualidad. Una separación no es solo un cambio en la vida, es mucho más. Tienes que dejar prácticamente todo lo que conoces. Para muchos, seguramente tendrían que empezar a vivir en otro sitio, en un trabajo nuevo, los amigos de la pareja desaparecen, el dinero no hay tanto como cuándo se está con el marido, etc. Todo esto crea malestar, sufrimiento e inseguridad, algo con lo que el hombre no sabe bregar, pero lo realmente grande es que por muy malo que esté tu presente, siempre se abre ante tus ojos un abanico de posibilidades de crecer. Siempre que hay un cambio grande en la vida tienes la posibilidad de crecer espiritualmente.

Cuando tienes que tomar una decisión y te da

miedo. Mira directamente a la cara del futuro y piensa que estás a punto de comenzar una aventura y si hay problemas di, "La aventura es la aventura" y adelante. Nunca tengas miedo de seguir los dictados de tu corazón. Él no se engaña, no está supeditado a los convencionalismos por los que nos dejamos llevar los humanos. Por otra parte, todos los humanos, tarde o temprano, volvemos a casa (Dios), el momento es nuestra elección. Si en esta vida tienes que aprender 10 lecciones y solo aprendes 5 volverás una y otra vez hasta que las aprendas, y no solo esto sino que en cada reencarnación volverás a repasar lo aprendido, lo que hace muy doloroso el proceso de la vida. Cuanto antes aprendas la lección correspondiente antes pasarás a la siguiente lección.

Aquí no vale buscar atajos, hay que vivir lo que tu antes de nacer elegistes, y si se te ocurre suicidarte, todo lo que hallas vivido hasta ese momento incluido el sufrimiento que te ha llevado al suicidio se repetirá y seguramente con más intensidad hasta que lo superes. Así que no desfallezcas y pasa la prueba lo mejor que puedas y lo más rápidamente posible. Cuando un sufrimiento te parezca insoportable dedícaselo a Dios o en quien tú creas, quizás esto te dará un punto de apoyo para seguir. No te olvides que la aventura del crecimiento espiritual tenemos que vivirla todos y cuanto antes lo hagamos mucho mejor y antes volveremos a casa.

QUE ES LA ESPIRITUALIDAD
(Mensaje Maestro Enoch)

La espiritualidad es la búsqueda del ser humano para encontrar su verdadera esencia, para sentir la paz dentro de sí mismo, para ser, sentir y comportarse con amor. Puede llevar muchas vidas llegar a la meta o una sola si sois capaces de despejar el camino de ilusiones vanas. Los humanos confundís la espiritualidad con cosas que no tiene nada que ver con ello.

El que recéis, valláis a una iglesia, deis limosna y cosas por el estilo no os hace espirituales. Para ser espirituales tenéis que encontrar vuestro verdadero poder del que hablaba Jesús: "Lo que yo hago vosotros lo podéis hacer y mejor". ¿Por qué el hombre ha olvidado las enseñanzas más importantes que impartió el Maestro Jesús? Porque le resultaba más cómodo creerse víctima, creerse incapaz de conseguir nada. Es la mejor forma de que los demás trabajen para él.

Lo que realmente pasa es que la humanidad se ha vuelto cómoda y no quiere trabajar ni para sí misma ni para el prójimo. Os aseguro que si se pusiera a trabajar solo una parte de la humanidad que está por crecer, la raza humana crecería tan rápido que daría el mayor salto evolutivo de su historia. Solo lo hacen unos pocos y esos pocos llevan una gran carga porque de ellos depende el crecimiento espiritual de su raza. Por eso se sienten tan cansados y muchos seres de luz están optando por marcharse. Ha sido tal el trabajo y tan poco compensador que no han podido resistirlo.

Por eso hemos querido contactar con vosotros para deciros que no decaigan, que el trabajo es duro y poco reconocido entre los humanos pero sabed que no estáis solos y cualquier acto hecho con amor se une a vuestras vidas para siempre. Al final hallareis la felicidad sintiendo y siendo seres en amor, paz y armonía.

Con nuestra gratitud por el trabajo realizado.

2- ENSEÑANZA

¿POR QUÉ ESTAMOS AQUÍ?

Para un mayor entendimiento déjame contártelo como si fuera un cuento. Imagina que Papa Dios es esa luz blanca de la foto, cada rayito y círculo que la rodea los seres humanos. No somos Dios pero somos parte de Él. Un día hace eones en el tiempo, uno de esos rayitos quiso experimentar emociones y le dijo a Papa Dios:

-¡Quiero saber lo que es sufrir y tener pena y sentir dolor, y conocer la alegría, saber lo que son las emociones!

Ese rayito era en ese momento perfecto, tenía la parte masculina y femenina. Es como si dibujas un ocho y una de las partes es masculina y la otra femenina. Si quitas una de las partes dejaría de ser un ocho. Para bajar al planeta tierra el primer paso es separar la parte masculina de la femenina. Eso es lo que llaman almas gemelas y por eso a lo largo de nuestra vida siempre la estamos buscando porque no estamos completos sin esa parte. Cada una de esas partes sigue su camino experimentando y sintiendo todo tipo de emociones pero en algún momento de alguna vida se reúnen. Casi siempre es cuando están a punto de cumplir con sus misiones y están muy cerca del regreso a casa (Ser parte de nuevo de Dios). Entonces cuando los dos han cumplido con sus misiones y han llegado a experimentar todas las emociones que hay en este planeta, regresan a casa porque habrán aprendido a controlarlas, entenderlas, superarlas y por último transmutarlas. Solo en ese momento están preparados para encontrarse de nuevo con Dios.

Por eso no hay que avergonzarse de cometer errores o tener una serie de sentimientos des-armoniosos porque a eso hemos venido aquí a sentirlos. Lo malo es cuando te quedas en ellos y no puedes superarlos. Ahí es cuando retrasas tu crecimiento.

Déjame que vuelva atrás. Para llegar a tener un cuerpo físico primero tienes que pasar por una desaceleración de tus átomos y para ello tienes distintos vehículos con distinta vibración. Cuánto más cerca están de Dios, más luz son o más aceleradas tienen sus partículas. Así vas pasando de un vehículo o cuerpo sutil a otro y por cada vehículo que pasas, desaceleras tus átomos hasta finalmente nacer en el vehículo humano (no te quedes en las palabras llámalo como tú quieras, cuerpo sutil o vehículo o bien otra cosa).

En el ejemplo de la foto sería como si cada espiral fuese un vehículo o escalera para bajar al cuerpo físico que como ves empieza por el color blanco, el de más alta vibración, y acaba en un color más denso, como es el naranja. Gracias a ello nuestro cuerpo físico puede resistir la vibración de nuestro SER.

Estos vehículos desde el punto de salida hasta el cuerpo humano son:
- Vehículo Causal o Yo Superior que es el que está más cerca de Dios, por lo tanto el que es más luz.
- Vehículos Superiores: Espiritual, Mental, Emocional.
- Vehículos inferiores: Espiritual, Mental, Emocional o los que tienen sus átomos más densos.
- Finalmente: El cuerpo Físico.

Se dice que hay 7 vehículos superiores y 7 inferiores

Déjame ponerte otro ejemplo, imagina que acercas un plástico a un fuego. Inmediatamente el plástico se derrite. El cuerpo humano es tan denso que necesita esos otros vehículos para poder llegar a asumir un vehículo físico. Si no pasaran por los distintos vehículos el cuerpo físico se desintegraría. Por eso necesita esos envoltorios previos.

Una mínima parte de esa energía se queda alrededor de nuestro cuerpo físico, se llama aura y la tienen todos los seres vivos. Gracias a unos investigadores, el matrimonio formado por Sayón y Valentina Kirlian que crearon la cámara Kirlian, se puede ver esa parte energética.

Foto hecha con una cámara alemana

La foto del aura es en color amarillo, demuestra que en ese momento estaba vital y muy mental. Ese color se forma en un momento determinado, no es mi color real del aura. Cuando se hace la foto estaba utilizando mi mente, bajo del amarillo se ve el color real del aura es de color rosa, aunque al mezclarlo con el amarillo se convierte en naranja. A la larga esa parte energética se convierte en enfermedad empezando por el órgano más débil y acabando eliminando la vida del cuerpo físico.

Esto es importante saberlo porque cuando enfermamos, la enfermedad empieza primero por los distintos vehículos a nivel energético pasando posteriormente al cuerpo físico. Algunas personas que son muy sensibles lo sienten y van al médico antes de que la enfermedad se haya manifestado en el cuerpo físico. Por supuesto que un médico alópata (médico de medicina no natural) no va a saber que pasa y la paciente le puede decir toda una gama de síntomas que si en los análisis no le sale algo, el médico jurará que no tiene nada. El problema es que si no se hace algo en ese momento, la enfermedad se manifestará en el cuerpo y creará muchos problemas. A veces cuando se manifiesta ya es demasiado tarde. Lo ideal sería trabajar juntos los médicos naturistas y los médicos alópatas. Hay enfermedades que no se pueden tratar solo con lo natural.

Gracias a Dios la sociedad está cada día más sensibilizada y ya no se asusta de llamar a las cosas por su nombre. Antes la palabra energía no se podía decir porque te quitaba credibilidad y eran pocos los médicos naturistas que se atrevían a desprestigiarse pronunciando dicha palabra. Ahora es muy común oírla hasta en TV. No es raro oír "tú tienes buena energía" o "aquí hay una buena energía". A veces los más incrédulos, son capaces de aceptar la palabra energía si se le enmascara bajo otro nombre. Un ejemplo muy claro es el Feng Shui. Esta filosofía que en muchos lugares se está convirtiendo en una moda (aunque lleva miles de años existiendo), ya aceptada por todo el mundo, no es ni más ni menos que crear un ambiente energético armonioso. Según como se pongan los muebles, espejos o plantas en determinados sitios se creará un ambiente de armonía o todo lo contrario. Los chamanes, hombres de poder en tribus indígenas, desde siempre saben esas leyes de la armonía y sus casas las decoran con plantas y agua en sitios estratégicos para crear esa armonía tan necesaria para el ser humano. No sé porque se tiene tanto miedo a decir la palabra si antes de nacer lo que somos es energía y hasta después de muertos seguimos siendo energía. Si aceptamos el concepto de energía llegaremos a saber manejarla y cuando ese momento llegue sabremos sanar nuestro cuerpo, nuestras relaciones personales, nuestros pensamientos y emociones. En ese momento nos habremos convertido en magos. Haremos magia y podremos transmutar lo malo de nuestra vida. Para eso es para lo que la raza humana se está preparando, para ser co-creadores.

Tenemos todo para conseguirlo solo falta lo más importante, creérnoslo. Sin ese requisito no es posible conseguir nada y en una sociedad donde nada más nacer te ponen la etiqueta de pecador e impuro es muy difícil que te creas que eres co-creador. Por eso es importante que sepas *que tu eres parte de Dios* y por lo tanto no puedes ser poquita cosa o un ser impuro o un pecador. No tienen cabida ninguno de estos calificativos, tienes que partir de la base que tu lo tienes todo, solo necesitas recordarlo. Por eso prefiero que cuando doy un curso se me diga facilitadora porque realmente lo que estoy haciendo es facilitar el que quien me escucha recuerde lo que ya sabía. No es raro encontrarme con gente que me dice: "Yo sabía esto pero necesitaba oírlo".

En el momento que cada uno de nosotros asuma su poder personal y reconozca lo que somos, ya no tendrá sentido ni ir a cursos para que te enseñen a solucionar tus problemas ni a pagar a ningún hombre, sea de la iglesia que sea, para que rece por ti, porque tu tendrás el poder de hacer lo que quieras. Esta es una de las razones más importantes por lo que ni los gobiernos ni las distintas iglesias les interesan que la gente recuerde y asuma su poder. Eso sería quitárselo a ellos y ya no podrían dominar las masas ni vivir a costa de los incrédulos que con su buena fe confían en ellos.

Cuando el hombre asuma quien es, será más responsable de su vida y actos y habrá una sociedad más justa. Hacia ahí va la raza humana pero mientras tanto empecemos a asumir cada uno de nosotros el papel que elegimos. Si es estar en el camino espiritual, actuemos coherentemente con nuestra elección siendo honestos y transparentes.

EXPLICACIÓN DEL GEN CRÍSTICO
(Mensaje Maestro Enoch)

Son tiempos difíciles llenos de sacrificio y lucha, sobre todo mucha lucha, pero también tengo que deciros que tenéis más que nunca ayudas celestiales, ¿Alguna vez te has preguntado si realmente otros grupos, otra gente, están trabajando como deben? Queremos darte esa información en este momento. ¡Sí!, hay gente linda, trabajadores de la luz que están preparando el camino para que nazca de nuevo el Cristo, y déjame que te explique qué significa eso:

Hace muchos años vino un Gran Maestro, un Ser muy evolucionado que se prestó para que por medio de Él se diera la Nueva Iniciación a la Nueva Raza pero les dio mucho más. Transmitió enseñanzas que hasta ese momento no sabían o lo habían sabido muy pocos. Ese Ser al que llamasteis "Jesús de

Nazaret", fue un medio para traer el nuevo Gen, el GEN CRÍSTICO. Sin ese gen la raza humana estaba estancada y eran más animales que humanos.

Él la trajo y la transmitió físicamente a sus descendientes. Ese gen es un gen de luz cristalina. En la tierra lo llamaríais gen de sílice. Durante muchos, muchos años ha estado dormido esperando que la raza humana estuviera lista para despertar y subir sus vibraciones.

Ya lo está y ese gen está siendo activado. Vuestro cuerpo físico se está activando, está adquiriendo una nueva vibración hasta ahora desconocida para la raza humana. Esto parece que se ha hecho de un día para otro pero no ha sido así. Han sido necesario más de 2000 años y muchos miles de seres humanos gritando ¡¡QUIERO VOLVER A CASA!! Esa era la clave, la necesidad de la vuelta a casa.

Muchos os confundisteis y os quedasteis enganchados en lo que llamáis los extraterrestres. Pensasteis que sus naves eran las que os iban a llevar a casa. Tengo que deciros que eso no es así. Solo la activación de ese gen y en consecuencia vuestra superior vibración, han hecho posible que se realizara el "PLAN ESTABLECIDO". Pero queremos deciros que es un tiempo muy peligroso. A pesar de tener el gen y mayor vibración, muchos podéis quedaros en el camino. Las pruebas son cada vez más duras y se van a repetir muchas por las que ya habéis pasado. Es como un repaso de la lección. De vosotros depende que la lección se pase o no.

Al acelerarse las vibraciones, los problemas también. Tanto las cosas negativas como las positivas. Por eso es importante que la gente sepa que no están solos, que hay más que nunca Seres, Maestros Espirituales que están esperando que les pidáis ayuda para ponerse a vuestro servicio ¡HACEDLO!

Recordad que sois vosotros los trabajadores de luz quienes tienen que entender a los demás, quienes tenéis que darles amor llevándolos por el camino de la verdad y alejándolos del camino del espejismo, ese camino que muchos siguen creyendo que es el auténtico.

Entended que si ellos no conocen otro, cuando los sacáis de su realidad, se pueden volver contra vosotros. El miedo a lo desconocido crea agresividad y violencia. Tratadlos con amor, aunque seleccionar con quién queréis compartir vuestro camino.

Las mentes se están desquiciando cuando no están en la vibración correspondiente a este momento o cuando se toman productos que los desequilibran y no hablamos sólo de drogas también algunos alimentos os perjudican.

Sabemos que no son momentos fáciles para ningún humano, y aún lo va a ser más, pero si vuestros Maestros estuviéramos en otra vibración más baja os envidiaríamos porque es una oportunidad única de crecer. Jamás un ser humano ha podido dar un cambio tan grande como en estos momentos. Por eso queremos pediros que no decaigáis, que a pesar de que tengáis que pasar por muchos cambios a muchos niveles y tener que enfrentaros a situaciones nuevas que os dejan sin energía, seguir, seguir creciendo, no perdáis la alegría. Conformaros con lo que tenéis y procurar adaptaros a los nuevos tiempos y sabed que no estáis solos.

Os amamos con el amor infinito.

3- ENSEÑANZA

¿CUAL ES TÚ POTENCIAL?

Durante toda mi vida me he sentido diferente al resto de los humanos. Me hacía preguntas y no obtenía respuestas. Había ciertas cosas en mí que hacía que sintiera que no pertenecía a esta tierra. Al no tener respuesta a mis preguntas hizo que casi no soportara este planeta, me quería ir, no aguantaba estar aquí, no me interesaba nada este lugar. Ni sus ríos ni sus hermosos océanos ni sus flores, animales, etc. Nada que tuviera que ver con este planeta. Sin embargo, no me acostaba sin decir mirando al cielo "buenas noches" y así fue durante muchos años de mi vida. Hasta que un día Mis Maestros espirituales (Ángeles) conectaron conmigo para decirme que mi tiempo de ser un humano normal había acabado y que era el momento de comenzar mi aprendizaje para prepararme para ser una buena guía espiritual o como Ellos dijeron empezar hacer mi misión.

Lo primero que me dijeron era que tenía que ver cuál era mi potencial. En lo que me iba a apoyar para hacer más fácil mi trabajo como guía espiritual, así como lo que tenía que desechar en mi vida que ya no tenía cabida en mí. Tenía que ver primero cuales eran mis defectos o debilidades y virtudes o potencialidades.

Ejemplo de algunas debilidades que todos podemos tener: Ser perezosa, soberbia, celosa, impulsiva, dominante, envidiosa, egoísta, etc. En general todo lo que no es amor y desarmoniza. Para hacer la lista empieza relajándote y reflexionando sobre tus defectos y virtudes o como yo las llamo, potencialidades y debilidades. Se sincero contigo mismo. No tengas miedo de ver lo que no te guste porque todos tenemos un poco de todo. Lo realmente importante es evolucionar y a eso venimos aquí. A continuación coge papel, lápiz o bolígrafo, haces una línea en la mitad de la hoja y en una parte pones **debilidades** y en la otra **potencialidades**. No pongáis en las potencialidades que sois videntes o médium porque eso no es una virtud es una responsabilidad. Se pueden considerar potencialidades el ser cariñoso, amable, bondadoso, servicial, paciente, honesto, sincero…

El hacer este trabajo no es fácil sobre todo las personas que no se aman y se creen poca cosa. Lo más seguro es que pongan en el papel muchas debilidades y pocas potencialidades. En general esto es normal, también los hay que tienen tantos egos que se creen poco menos que dioses. Unos y otros se engañan. Toda nuestra vida podemos estar engañados pensando que somos una cosa u otra sin darnos cuenta que todos tenemos de todo. Esa es la grandeza del ser humano.

Los seres humanos durante toda nuestra vida nos ponemos escudos emocionales para protegernos de que nos hagan daño y sobre todo para que no vean nuestras debilidades. Si fuéramos conscientes de que los llevamos, no sería problema. Lo malo es que los llevamos durante tanto tiempo que pasan a ser parte de nuestra personalidad y no somos conscientes de que los tenemos. Por eso cuando nos dicen que hay que trabajar con ellos no sabemos de que nos están hablando.

Después de saber con qué parte de tu personalidad tienes que trabajar, día a día intenta superarte. Al principio te resultará muy difícil porque no es posible que actúes toda la vida de una forma y de la noche al día quieras ser otra persona. Hay que tener paciencia y no ser demasiado exigente contigo mismo porque si te exiges demasiado verás solo lo negativo y no lo positivo que tienes y tu autoestima se verá afectada. Lo más importante es que vallas restando de la lista las debilidades y vallas sumando las potencialidades. Ser espiritual es querer ser mejor y para ello tienes que superarte día a día. Unas te costarán más que otras, pero tienes que ser consciente de ellas y trabajarlas.

Es más importante la opinión que tienes de ti que lo que piense los demás. Tienes que ser lo más sincero y transparente posible no escondiendo debilidades ni dándote latigazos continuamente porque eres humano. En esta dimensión tan densa donde hay muchas perturbaciones que te afectan, ya sea a nivel energético o humano, es muy difícil estar siempre en armonía. Pero si estás abierto y alerta no pasarás ninguna oportunidad de crecer. Tampoco debes dejarte llevar por lo que piensen los demás de ti porque eso depende de tu situación personal. Por ejemplo: si eres una persona con baja autoestima, que puedes estar pasando por una situación de malos tratos psicológicos o físicos, al final no sabes cómo eres realmente. Estas personas por lo general se sienten anuladas, se creen inferiores y piensan que si son maltratadas es por su culpa, porque ellas lo provocan. Evidentemente eso es lo que quiere el maltratador que creas, que es tu culpa, para así anularte con mayor facilidad tu fortaleza. Hablo especialmente de mujeres, aunque últimamente también hay hombres maltratados.

Este ejercicio no es fácil porque requiere no solo ser sincero sino intentar eliminar los complejos, traumas, egos, todo lo que impide ver la realidad y enfocarse en lo real. Una de las formas para hacerlo es mirarte como si fueras otra persona a la cual conoces muy bien sin que haya emociones por medio. Una vez puesto en el papel las potencialidades y debilidades, las estudias y te haces un plan de trabajo empezando por eliminar las que te sean más fáciles, y poco a poco ir borrando de la lista el mayor número posible de debilidades. Cuantas más borres más habrás subido espiritualmente. Sé que no es fácil y a veces te sentirás desanimado pero si seguís, al poco tiempo te darás cuenta del cambio tan grande que habrás experimentado y eso te dará fuerzas para seguir. No pasará mucho tiempo sin que te sientas muy orgulloso de ti por lo alcanzado y te darás cuenta que el esfuerzo realizado habrá valido la pena. Este proceso se tiene que realizar lo antes posible porque así se te allanará el camino.

Habrá momentos de crisis donde pondrás en duda todo pero como dicen los Maestros no estamos solos, tenemos ayuda celestial y hay muchos Maestros que nos están ayudando para que la raza humana suba ese escalón espiritual que necesita el planeta. Pero el trabajo lo tienes que hacer tú. Ellos no pueden hacer nada sin nuestro esfuerzo personal y nuestros deseos de ser mejores. Ese es el requisito indispensable para darnos la ayuda: ***querer ser mejores y salir del ensueño en el que están millones de seres humanos.***

LOS TIEMPOS SON DUROS PERO ESTÁIS PREPARADOS
(Mensaje Maestro Enoch)

Los tiempos por los que estáis pasando no son fáciles, pero tampoco lo han sido los anteriores. La diferencia es que ahora tenéis muchas ayudas celestiales y hay muchos seres reencarnados entre vosotros que como aparentemente simples humanos os están ayudando y guiando. Esto no se había dado anteriormente. También sabemos que las pruebas a las que os sometéis son más duras pero estáis preparados para superarlas.

Lo que en este momento más falta es la energía del amor. Hay seres que hacen cosas extraordinarias por el prójimo y el planeta pero esos son unos pocos. El resto estáis enganchados en unas religiones que os quitan vuestro poder y os hacen esclavos de unos cuantos dirigentes manipuladores. La verdadera espiritualidad no es exterior. Empieza por amarte a ti mismo como al prójimo. ¿Os suena, verdad? Las enseñanzas del pasado no han cambiado, son las mismas de siempre, solo cambian las circunstancias personales de cada uno.

Tenéis todo lo que necesitáis para cambiar vuestro entorno y vuestro mundo pero no os lo creéis. El día que los humanos despierten y se den cuenta de que tenían todo en sus manos para hacer milagros o cambiar las energías, como sería más correcto decir, ese día los Maestros Espirituales saldrán de este hermoso planeta dejándoos como lo que sois, DIOSES CREADORES.

Con amor infinito,

4-ENSEÑANZA
40 DIAS DE LIMPIEZA

A lo largo de nuestra vida nuestro cuerpo se va cargando de contaminación, no solo ambiental, eléctrica, magnética y telúrica sino también de lo que comemos y bebemos, de los medicamentos, de los metales pesados que acumulamos en nuestro cuerpo y no se eliminan, del agua contaminada y también de los pensamientos repetitivos negativos (pensamos en enfermedad o en cosas negativas que hacen que enfermemos). Todo eso hace que nuestra salud se resienta y a veces ni los médicos saben que nos ocurre. Cuando queremos darnos cuenta, nos han diagnosticado cáncer, una palabra maldita a la que todos tememos pero que es ni más ni menos que una oportunidad de cambiar nuestros hábitos alimenticios, nuestros pensamientos y nuestras actitudes hacia la vida.

El cuerpo humano es una máquina perfecta donde habita nuestra alma. Sin esa envoltura no podríamos vivir en esta tierra ni experimentar emociones ni hacer nuestras misiones. Por eso hay que amarla, respetarla, cuidarla y protegerla de cualquier envenenamiento. No solo no lo hacemos sino que despreciamos el cuerpo si no encaja con nuestras expectativas como por ejemplo si estamos gordos. Sin darnos cuenta que esa es nuestra responsabilidad y que si está así es porque seguramente estamos haciendo cosas que no son correctas como comer a horas inadecuadas o comer mucho de unos alimentos y poco de otros o comer espaciando mucho la comida o también puede ser que ingiramos más calorías de las que consumimos. Por lo tanto, nuestro cuerpo deja en reserva las que no utilizamos convirtiéndose al final en grasa o sea gordura lo que tanto detestamos.

Es ridículo pensar que una mujer que está en la menopausia pueda estar muy delgada (las hay por constitución pero es un mínimo) y seguramente esas pocas tienen problemas de huesos porque en la menopausia las formas de nuestro cuerpo se redondean entre otras cosas porque necesitamos esa grasa para superar el déficit hormonal. Esa grasa ayuda a la mujer a no tener los calores y una serie de síntomas que se tienen y que gracias a ello en ese periodo se atenúan. Entonces las mujeres quieren estar igual que cuando tenían 25 años y se ponen a régimen dejando de comer, haciendo caso omiso de las llamadas de su cuerpo. El cuerpo sabe lo que necesita para no tener, por ejemplo, descalcificación de los huesos, pero ante querer adelgazar hacen oídos sordos.

Cuando has decidido empezar a recorrer el camino espiritual sería bueno que unas de las prioridades sea hacer una limpieza no solo física sino también espiritual y para eso nada mejor que hacer 40 días de limpieza tanto del cuerpo como de mente y espíritu. Para limpiar el cuerpo en esos 40 días no se debe comer: carne de ningún animal (ni pescado ni carne), harinas y azúcar refinada, picante, bebidas alcohólicas, alimentos estimulantes ni fumar. Para limpiar la mente no puedes ver por televisión escenas crueles ni de guerras ni sexuales. Nada que excite. Para el espíritu, hacer todos los días meditaciones. Simplemente déjate ir sin oponer resistencia a ningún pensamiento que te venga, poniendo una suave música unida a un oloroso incienso (si es posible natural). No hace falta estar mucho tiempo ni que se haga algo muy complicado. Para las personas que no están habituadas a meditar con 10 o 15 minutos es suficiente.

Esta limpieza si la haces está dirigida a educar tu mente creando pensamientos de poder. Es muy positivo que a lo largo del día repitas oraciones de sanación y armonía como por ejemplo si estáis enfermos podéis decir: *"YO SOY LA SALUD PERFECTA"*; si estáis depresivos o tristes: *"YO SOY LA ARMONIA PERFECTA"*. Si tenéis problemas de dinero *YO SOY LA ABUNDANCIA EN TODOS MIS VEHICULOS* (eso significa abundancia en salud mental, espiritual y física). Tenéis que empezar siempre con la palabra YO SOY y a continuación lo que queráis sanar de vuestra vida. Cuantas más veces la repitáis a lo largo del día más rápido conseguiréis lo que deseáis. Esta es una forma de educar tu mente. La idea es que al limpiar el cuerpo de tanta contaminación, la mente de tantos pensamientos negativos y armonizar la parte energética, la vibración va a subir haciéndoos más sensibles. Resultará más fácil pasar revista a vuestra vida para ser conscientes de los errores cometidos y sobre todo, conectar con vuestros guías espirituales que todos tenemos aunque sean muy pocos los que les escuchan o ven.

También es una buena oportunidad de perdonar a quién a lo largo de la vida te ha hecho daño. Todos en un momento de nuestra vida hemos sentido que nos hacían daño y si no somos capaces de soltar el **RENCOR, AMARGURA, ODIO, RABIA,** toda nuestra vida llevaremos esa carga encima. Energéticamente, la rabia y el rencor pesan como varios kilos y sin eliminar ese peso, tu caminar por el mundo espiritual será muy difícil.

El Maestro Jesús se fue al desierto para hacer sus 40 días. Era lógico que estuviera solo, era la única forma de no tener más contaminación de la necesaria y que no lo distrajeran de su trabajo que era encontrarse a sí mismo y su misión. Subir su vibración para hacer lo que tenía que hacer. Las tentaciones se tienen en esos 40 días. No se deben tener relaciones sexuales sencillamente porque la energía sexual es la más poderosa que tenemos y en esos días la necesitas para que te ayude a subir la vibración. Por lo tanto, no se puede tener ningún orgasmo. Esta prueba para unos les resultará más fácil que para otros. Quizás a los comelones, el no comer ciertos alimentos y aligerar la comida le resulte más difícil. Cada uno encuentra su talón de Aquiles, pero también es bueno porque en ese tiempo salen todas las debilidades y puedes saber en qué tienes que trabajar más. Si no puedes evitar hacer el amor en esos 40 días porque tienes que contar con la ayuda de tu compañero o compañera y no está dispuesta, por lo menos limpia tu cuerpo y mente de contaminación.

Es importante que cuides con quién estás porque tu vibración se hace más sutil (no tan densa) y es muy fácil que si estas con alguien que está contaminado te sientas mal. Por la vida tan ajetreada y de trabajo que se lleva, es difícil quedarse en casa encerrado o irse algún lugar solitario, pero puedes cuidar durante ese tiempo de no salir a discotecas ni restaurantes ni sitios que estén muy contaminados y con mucha gente.

Cuida tus pensamientos y no pienses en cosas negativas recuerda que **"Donde pones tu pensamiento pones tu poder"**. Una vez realizado el trabajo de limpieza te sentirás más sensible, tus emociones saldrán más rápidamente, los sentidos que creías no tener se harán presentes. Se puede despertar la videncia, mediumnidad, tu parte sanadora o cualquier otro sentido que necesites para hacer tu misión. Si eres capaz de acabar los 40 días tal como lo he indicado anteriormente te darás cuenta del cambio tan enorme que has experimentado. A partir de ese momento habrá un antes y un después. Tu vibración subirá, te sentirás mejor ser humano, más espiritual, tus sueños te traerán mensajes de los Ángeles y en general tu cuerpo se sentirá más ágil. Empezarás a notar que realmente en ese momento has comenzado tu camino espiritual.

¡DESPERTAD QUE ESTAIS DORMIDOS!
(Mensaje Maestro Enoch)

Los niños en este momento tan difícil para la humanidad son los primeros en caer. Su inocencia y amor les hace victimas idóneas para la oscuridad pero no os preocupéis por ellos porque van a un lugar mejor. Apenaos por vosotros que estáis perdiendo la conciencia de lo que es bueno o malo.

Al estar dormidos no tenéis conciencia de las atrocidades que hacéis. Por eso los que están más despiertos no entienden como unos seres humanos como ellos son capaces de matar a sus propios hijos. La respuesta está ahí, en que más de la mitad de la población mundial está dormida. Comen, beben, trabajan, duermen, juntan sus energías pero realmente no son conscientes que lo están haciendo. Son como autómatas, por eso se dejan llevar por cualquier energía fuerte que esté a su alrededor. Si esa energía es la del amor, tienen una oportunidad de despertar o por lo menos no harán daño pero si entran a la energía del miedo, rabia, odio, entonces pierden el control y no son conscientes de lo que realmente hacen.

Queridos míos, es importante que despertéis que estéis despiertos cada segundo de vuestra vida. No perder la oportunidad de vivir sintiendo y siendo lo que realmente sois, seres de luz, faros de luz que alumbran a otros para que despierten. Cualquier cosa que hagáis en la vida pararos antes de hacerla y pensar lo que vais a hacer y no os dejéis llevar por las distintas energías que están muy revueltas, solo os puede traer consecuencias desagradables. Ser capaces de perdonar a vuestro amigo y digo amigo y no enemigo porque no existe el enemigo, todos somos uno, todos salimos del mismo lugar y a él vamos. Solo el distinto comportamiento os distingue el uno del otro.

No tengáis miedo que eso os inmoviliza. Tener más fe en vosotros y vuestro Yo Superior o Energía Pura. Dejaos guiar por ella y poco a poco sacareis la Maestría de dominio de Energías y situaciones convirtiéndoos en lo que sois, auténticos Maestros.

La vida a veces os parece dura y larga, sin embargo, es hermosa y enriquecedora y sobre todo es una oportunidad para regresar pronto a casa.

Con el amor infinito

5-ENSEÑANZA

LOS MIEDOS

Puedes hacerte vegetariano, cambiar muchos comportamientos negativos que has descubierto, hacer muchos cambios importantes en tu vida, pero si no eres capaz de trabajar con tus miedos no podrás seguir adelante y te estancarás espiritualmente. Por eso es tan importante trabajar para eliminarlos. ¿Cómo luchar con los miedos si no sabes que los tienes? Ese es el principal problema. Cuando alguien sabe con qué tiene que trabajar se pone manos a la obra pero si no sabe que los tiene, ¿cómo hacerlo? Lo primero que hay que hacer es reconocerlos y para ello es muy útil la lista que indique anteriormente pero añadiendo en ella los miedos que tu reconoces.

A los miedos hay que enfrentarlos nunca huir de ellos, porque si no los enfrentas te manipulan y bloquean y siempre serás su víctima. Así que lo mejor es desenmascararlos y a continuación enfrentarlos. Un ejemplo puede ser: fobia (miedo) a los sitios cerrados. Si decides que quieres acabar con ello, puedes meterte poco a poco en un armario y tú mismo, sin prisa, tomándote tu tiempo vas cerrando la puerta sin perder nunca el control de la puerta. La puedes abrir cuando quieras. Al principio te costará y seguramente el primer día no podrás estar mucho tiempo y quizás no serás capaz de cerrarla pero si lo sigues haciendo te aseguro que lo conseguirás. Es importante como utilicemos la mente en ese momento, el primer día hazlo con los ojos cerrados y piensa que estás en el lugar más hermoso que te puedas imaginar y así poco a poco vas abriendo los ojos y enfrentándote al miedo. Esta es una de tantas formas de superar esta fobia.

Más difícil de eliminar son los miedos emocionales. Seguramente no sabrás que los tienes, un ejemplo de esos miedos son: pensar que nunca vas a ser amado o miedo a amar. El amor es el alimento para nuestro espíritu así como para el cuerpo y alma, por lo tanto quien no tiene amor es un hambriento, un mendigo de caricias. El amor no se puede sustituir por nada. ¿Cómo enfrentarnos a los miedos? Primero reconociéndolos y luego queriendo eliminarlos. No te pongas grandes metas, no quieras sacarlos de tu vida en un día cuando quizás han estado viviendo contigo toda tu vida. Lo importante es que se vaya trabajando con ello diariamente con tesón y ganas de seguir creciendo.

He conocido a gente que no se ha separado de la pareja por miedo a la soledad. Nunca se han parado a pensar que han perdido toda una vida enganchadas en un pensamiento negativo de no querer estar solas. No se han dado cuenta que de lo que huían lo han vivido día a día porque no hay mayor soledad que la compartida. Se han quitado la oportunidad de encontrar a otra persona y ser felices. Una de las cosas que más cuesta aprender en el camino espiritual es a ser valientes y dejarte guiar por tu corazón. Si tu corazón te dice: "Se acabo mi tiempo con este ser", hay que ser valientes y dejarlo ir. No importa que en ese momento estés muy solo. Aprenderás a vivir con ello y serás sincero contigo mismo. Te sentirás bien porque te darás cuenta que eres más fuerte de lo que tú mismo te creías y esa experiencia te mostrará muchas cosas de ti. No estoy diciendo que todo el mundo que tiene problemas tiene que separarse. Por el contrario hay que luchar por superar cualquier desarmonía que hay en nuestra vida, pero cuando uno está en el mundo espiritual se debe acostumbrar a dejar ir a mucha gente que ama. La respuesta es sencilla, tú poco a poco vas creciendo gracias a tu esfuerzo personal pero no todo el mundo que conoces quiere lo mismo para sus vidas. Cada uno es libre de elegir su momento, todos vamos a llegar a la misma meta pero a distintas velocidades. Por lo tanto, unos antes que otros, ese momento solo lo puede elegir el alma de cada ser. A eso se le llama libre albedrío, la libertad de elección. Pero si tu eliges crecer y el que está a tu lado decide ir más despacio llegará un momento en que no podrás soportar su energía. Lo menos que sentirás será incomodidad, dolor, nerviosismo, etc. y al final no tendrás más remedio que alejarlo de tu vida.

Si poco a poco vamos eliminando los miedos el camino será más fácil de seguir. Cuanta más resistencia pongamos a los cambios, más nos va a doler. La clave está en no resistirte, en dejarse ir pensando que el Universo es más sabio que tu. Si te ponen una situación en la vida es porque la necesitas para tu aprendizaje y nunca te van a poner lo que no puedas superar. Por eso cuando en la vida te sientas que ya no puedes más, respira profundamente y piensa que mañana será mejor.

No olvides nunca que a lo que le tenemos miedo es precisamente lo que atraemos porque la mente es muy poderosa y un pensamiento unido a una emoción fuerte, hace la mezcla perfecta para hacer magia y atraer lo que pensamos. Ya sea malo o bueno, en este caso es malo. Así que ten mucho cuidado con tus miedos porque se te pueden hacer realidad. Cuando tu mente empiece a generar pensamientos negativos sustituye estos por otros más positivos. No le des alimento a los pensamientos negativos porque cuando te quieras dar cuenta se te habrá apoderando de tu mente. Cuando empezamos a meditar lo primero que nos damos cuenta es que la mente va por su cuenta y en fracción de segundos aparecen pensamientos que minutos antes no teníamos y aunque los queramos apartar se empecinan en seguir molestando. Lo mejor es dejarse ir no poner oposición a esos pensamientos y poco a poco tomar el control de nuestra mente. Esos pensamientos negativos son especialmente peligrosos cuando se refieren a nuestros miedos porque si bien los pensamientos se pueden controlar, cuando se tratan de miedos nos sentimos bloqueados. Conozco a alguien que tiene miedo a que le pinchen para sacarle sangre. Sabe técnicas de relajación y normalmente se relaja muy bien pero cuando le van a sacar sangre le tienen que pinchar estando tumbado porque su fobia llega a crear un estado de estrés tan elevado que en algunos momentos a impedido que la sangre saliese. Este es un ejemplo claro de cómo la mente influye en nuestro cuerpo físico.

Lo difícil de los miedos es primero reconocerlos y luego dar el primer paso para eliminarlos de tu vida. Pero si eres capaz de dar ese primer paso el siguiente es más fácil. Los miedos los hay de todo tipo, desde miedo a la soledad o a no ser amado hasta espirituales como puede ser el pensar que espiritualmente no se está evolucionando y se tiene miedo de no cumplir con la meta que se había propuesto. Con tesón, paciencia y ganas de ser cada día mejor se consigue erradicarlos, pero nunca hay que dejar de estar atentos a las señales de ellos porque aunque creamos que los tenemos superados pueden volver con otra envoltura y engañarnos haciéndonos ver que son otros cuando la realidad es que no se han ido nunca.

PARA TODOS AQUELLOS QUE TIENEN MIEDO A AMAR Y SER AMADOS
(Mensaje Maestro Enoch)

El ser humano tiene unos conceptos e ideas implantadas en sus genes que son difíciles de eliminar. Sin embargo en este momento en que la raza humana está evolucionando más aprisa que nunca es imprescindible que se abra a la energía del amor, sin títulos ni etiquetas. Los humanos sois muy aficionados a poner etiquetas a las cosas pero la energía del amor no debe tener etiquetas. Cuando la encasilláis en "amor de pareja", "amor de amistad", "amor de padres", en esa etiqueta estáis perdiendo parte de esa gran energía, porque al poner etiquetas, como por ejemplo "amor de esposos", ya os predisponéis a unos comportamientos determinados. Aprender a amar sin coacción, sin egoísmos, sin necesidades, solamente amando se crece en armonía y salud.

Pero al hombre se le ha inculcado que para llegar a DIOS tiene que sufrir y cuando encuentra un camino fácil y amoroso no lo reconoce como el camino adecuado para su aprendizaje y mucho menos el camino adecuado para llegar a DIOS.

Todos vosotros en algún momento de vuestra vida habéis tenido la oportunidad de estar con alguna persona que os hacia felices y vuestro corazón os decía que él o ella era la persona adecuada para crecer juntos y recibir y dar amor. Sin embargo os dejáis llevar por las cuestiones religiosas, sociales, morales o psicológicas y no escucháis a vuestro corazón.

Los miedos a sufrir os paralizan y os impide ver la realidad tal y como es. Os dejáis arrastrar por vuestra mente. Ella es la que manda a la hora de elegir, y al final perdéis la oportunidad de amar y ser amados. ¿Por qué jugáis a ser dioses si cuando creáis algo no sois capaces de utilizarlo? Dejar de luchar contra ello y reconocer que sin esa energía en vuestra vida no seréis felices ni tendréis armonía en vuestro entorno.

Con amor infinito

EL AMOR

El amor es la energía más poderosa de todo el Universo, sin embargo es la gran desconocida. A lo largo de la historia de la humanidad han venido grandes seres a enseñaros como sentir amor, como conectar con él y como reconocerlo, pero sigue siendo una energía desconocida y solo utilizada por unos pocos.

Por amor, el Maestro Jesús dio su vida por los humanos. Por amor, la madre Teresa dejo todo y dedicó su vida a los más desprotegidos. Por amor, vuestros ángeles están con vosotros para protegeros. Por amor, grandes seres, aunque desconocidos, todos los días a lo largo del planeta tierra dan su vida por la raza humana y por cumplir con sus misiones.

En el Universo la energía funciona en espiral, son círculos que si los hacéis grandes veréis que es una forma de dar y de recibir a la vez. Por eso el amor empieza por uno mismo para que el círculo sea perfecto. Una vez que os amáis esa energía se transmite al resto.

Sin ese amor hacia vosotros no se crea la espiral y la energía no funciona bien, hay una ruptura por alguna parte. Esa es la respuesta cuando a veces os preguntáis, ¿cómo es posible si yo he dado mucho amor a esa persona, por qué me ha tratado así? Yo os haría una pregunta. ¿En esa relación tú te amabas lo suficiente? Piénsalo antes de contestar, porque en algún punto de esa relación había una ruptura energética. Quizás creías que lo amabas tanto que tenías que ceder a ciertas cosas que iban contra ti, y la otra persona fue tu prioridad. No te dabas cuenta que estabas creando un desequilibrio entre vosotros y la balanza se inclinó a favor de la otra persona.

Esas son las relaciones que al final no llegan a concluirse bien. Cuando en una relación no hay equilibrio por ambas partes se tiene que romper en algún momento. Si esa persona que cedió en contra de su voluntad se hubiese amado más, no habría permitido ningún abuso, se abría hecho respetar. Lo que no queréis para los demás tampoco lo debéis de querer para vosotros o como dijo el Maestro Jesús "*Amaos los unos a los otros como yo os he amado*". Pero tú no puedes amar a nadie si antes no te amas a ti. Recuerda la espiral, sin esa espiral no existe la energía amorosa por lo tanto es imprescindible que te ames primero para poderla crear y que llegue a los demás. En el momento en que tú te amas te darás cuenta que automáticamente despiertas amor en los demás.

Con Amor infinito.

6- ENSEÑANZA

COMO ENFRENTARSE A LAS CRISIS

A lo largo de nuestra vida tenemos que enfrentarnos a situaciones que nos duelen y desarmonizan. Según como nos enfrentemos a ellas podremos superarlas o no. Lo primero que tenemos que tener en cuenta es que nada es gratuito y mucho menos un sufrimiento. Todo tiene una razón de ser. El que encuentres a un marido que no te ayuda y tú tienes que llevar la carga, seguramente es porque tienes que aprender a ser autosuficiente o a valorarte más.

Lo primero que todo ser humano tiene que aprender en esta vida es a amarse. Esa es la lección básica, la que todo niño debía aprender desde que nace. No puedes crecer espiritualmente si no te amas. Si los seres humanos se amasen, no permitirían las manipulaciones en su vida, o que se aprovechen de ellos ni tampoco que les hagan daño. Tu eres un ser maravilloso que mereces ser sano y feliz. También tienes derecho a tener abundancia y estar rodeado de gente armoniosa y amorosa que te ame. Si no lo tienes es porque no te amas lo suficiente y necesitas que te lo recuerden constantemente.

A veces he dicho esto a las gentes y la respuesta es: "pero si yo me amo". Cuando empiezo a indagar en su vida me doy cuenta que es un caos con una falta de amor tremenda. Todo aquel que permite que alguien le haga daño es porque no se ama. No importa que sea en tu trabajo, tu marido, familias o amigos, nadie tiene derecho a hacerte daño. A veces se está tan necesitado de amor que aguantas las migajas que te quieran dar a cambio de un poco de amor, sin darte cuenta que tienes un banquete esperándote. Solo necesitas amarte y no permitir más abusos en tu vida. Sé que alguno me va a decir que es fácil decirlo pero muy difícil hacerlo. Déjame decirte que mis enseñanzas parten de mis experiencias personales. ¿Quién es mejor maestro que aquel que ha vivido de todo? Por eso sé que se puede hacer en muy poco tiempo el pasar de ser víctima a ser libre y feliz. Todo es cuestión de trabajar en lo que necesitas aprender sin miedo, sabiendo que la victoria está cerca porque cuando el ser humano da un paso el universo ayuda a dar los siguientes. Ese es el principio del camino para llegar a la meta.

Mis Maestros (Ángeles, Arcángeles) repiten mucho que no estamos solos que tenemos muchas ayudas de Seres que siempre están a nuestro lado pero Ellos no pueden hacer nada si no se lo pedimos. En el momento que pedimos es cuando realmente empieza la Gran Obra del Creador y todas las fuerzas se ponen de acuerdo para ayudarnos a atraer a esta dimensión lo creado.

Así que el siguiente paso para seguir creciendo es hacerse esta pregunta: ¿Qué hay en mi vida que me está atando, impidiendo seguir adelante en mi crecimiento espiritual? Si la respuesta es una persona aléjala de tu vida, si es un miedo trabaja con ello, si es un apego desapégate de él, si es algo material véndelo o regálalo pero despréndete de ello. A veces queremos cosas que están muy lejos de una realidad actual. Un ejemplo es la crisis por la que está pasando el sector inmobiliario. Hace unos años el comprar y vender casas era un negocio seguro y mucha gente se hicieron ricas. Creían que esta situación iba a ser para siempre. Hubo gente que se dio cuenta que esta burbuja iba a explotar en cualquier momento y tomaron precauciones. Pero hubo otras personas que no quisieron verlo porque su avaricia les dominaba, y no les permitía ver que la época de las vacas gordas estaba llegando a su fin. Pasó lo que tenía que pasar, que se han adeudado comprando terrenos o casas y ahora se encuentran que no pueden venderlas y además tienen que seguir pagándolas. Como en este momento no se vende nada, todo lo que ganaron en los años anteriores se lo están gastando porque viven de sus ahorros. Todo esto se acentúa porque además no se paran a repasar su vida y ver donde han cometido el error. Es más fácil echarle la culpa al gobierno por su mala gestión que ver sus propios errores. Si por un momento fuesen capaces de ver sus errores y estar dispuestos a hacer cambios en su vida para poder solucionar el caos en el que están, solo así tendrían una oportunidad de crecer y arreglar el problema. Pero por mi experiencia sé que esto no se da y prefieren entrar en una depresión, caer enfermos antes que cambiar la forma en que vivían. Muchos de ellos tienen la solución en sus manos. Tienen grandes casas que si bajan el precio pueden venderlas pero no están dispuestos a hacerlo, piensan que esto es cuestión de un corto tiempo. "*No hay peor* ciego que el que no quiere ver". No se dan cuenta que de ahora en adelante la sociedad está cambiando y las cosas ya no son como hace 5 años y tampoco lo van a ser dentro de otros tantos. Si no somos capaces de soltar y cambiar nuestra vida adaptándola a las circunstancias particulares, la vida se va a poner muy dura y cada vez más. Para sobrevivir tenemos que ser flexibles y adaptarnos a nuestro entorno.

Cuando nacemos venimos con una maleta cargada con las experiencias y sabiduría de las vidas anteriores, pero a lo largo de nuestra vida la vamos llenando cada vez más a tal punto que necesitamos más maletas para poder seguir viviendo. En esas maletas metemos los miedos, deseos, necesidades, apegos, odios y rencores. Lo que era una maleta se convierte en cuatro, cinco o diez. La carga de esas maletas es lo que nos impide seguir nuestro camino espiritual. Imagina que tienes que recorrer un camino lleno de piedras con diez maletas y sin que nadie te ayude, ¿verdad que no podrías? Eso es lo que pasa en el mundo espiritual que durante toda una vida vamos acumulando rencores, miedos y demás y no somos capaces de enfrentarnos a las experiencias ni sacar lo mejor de ellas. La gente en general se queda con lo malo de las experiencias que implican dolor. Si ha tenido un mal matrimonio ya creen que todos los hombres o mujeres son iguales sin darse cuenta que cada persona que pasa por su vida es para que aprendan algo que les hacía falta, ya sea negativo o positivo.

Cuando en mi vida me ocurre algo que me hace sufrir inmediatamente me pregunto: ¿Qué es lo que tengo que aprender de esta situación? No me fijo si tengo razón o no, si es un ser negativo o si han querido hacerme daño. Todo eso no tiene importancia, lo que realmente importa es que yo aprenda la lección lo más aprisa posible para que no vuelva a pasar por la misma situación. Pero solo puedes hacer esto si eres capaz de pararte un rato y pasar revista intentando ser lo más impersonal que puedas para que tus sentimientos heridos no te impidan ver la realidad, y sobre todo dejar los egos aparcados. Si eres capaz de hacer esto te aseguro que en muy poco tiempo crecerás más que lo que has crecido en toda tu vida.

Siempre tenemos posibilidades de elegir. Si elegimos aprender de cualquier situación que la vida nos ofrece, el aprendizaje será más rápido y fácil. Recordar, *"Cuanta más resistencia pongas, más generarás sufrimiento y más difícil será tu crecimiento".* Déjate ir, confiando en que todo es perfecto en el plan Divino, aunque en ese momento no lo veas así. El planeta entero nos habla dándonos lecciones a todos aquellos que quieren escuchar. La naturaleza nos habla un ejemplo podría ser: un hermoso y gran árbol en un huracán puede ser arrancado de raíz sin embargo un pequeño árbol de bambú permanecerá meciéndose como si bailara una melodía cantada por el viento. La diferencia está en que el gran árbol se resiste al viento mientras el pequeño bambú no pone resistencia. Por eso es importante no fingir cuando nos sentimos mal.

Sacar tu rabia, odio o los sentimientos que sientas y una vez que los tienes identificados *trabaja para entenderlos y luego transmútalos.*

Después de un tiempo verás que el sufrimiento que tú veías estéril y que no servía para nada, ante tus ojos, se convertirá en una oportunidad única para llegar a despertar espiritualmente. Un error muy común es pensar que la gente que es espiritualmente evolucionada no debería enfermar o pasarle cosas desagradables en la vida. Yo os recordaría que el Maestros Jesús le paso lo peor que le puede pasar a un ser humano: lo humillaron, despreciaron, sus gentes renegaron de Él, le dieron latigazos y finalmente lo crucificaron ¿Cómo vamos a pensar que un simple humano por el hecho de estar en el camino espiritual no le tiene que pasar nada desagradable? Precisamente cuanto más espiritual eres más pruebas tienes que pasar y cada vez más fuertes porque las sencillas ya las has pasado en esta u otra vida anterior.

Es un tiempo difícil de grandes cambios a todos los niveles: mentales, físicos, planetarios y energéticos. Eso crea mucha inseguridad en nosotros y tenemos que pensar de diferente forma. Hay que introducir en nuestra mente nuevos conceptos, porque las informaciones que teníamos se han quedado obsoletas. Por otra parte, hay un cambio energético en nuestro cuerpo, está teniendo lugar una metamorfosis y nos estamos convirtiendo de gusanos a mariposas. El gen Crístico que ha estado dormido en nuestro cuerpo durante más de 2000 años está despertando. Eso nos llevará a pasar de ser casi animales a convertirnos en lo que somos, Luz. Ese tránsito no es fácil sobre todo cuando el ser humano está tan cogido a todo lo material. Esto nos exige que nos cuidemos más físicamente y sobre todo que cuidemos nuestra alimentación para que ese gen pueda brillar con la luz que le corresponde. Pero todos estos cambios hacen que mucha gente se estén desquiciando, pierdan la cabeza y ya no es raro ver madres o padres que matan a sus hijos, lo que antes era una rareza ahora es a diario.

Estar en armonía es muy difícil pero lo tienes que conseguir porque en ello te va tu equilibrio personal. Si alguien te está desarmonizando constantemente será cuestión de pensar si no es el momento de sacarlo de tu vida. Cuanto más tardes, más duro será y más difícil. Lo importante es no tener cargas extras e ir lo más ligeros posible. Solo así serás capaz de ir con el ritmo natural del planeta, un ritmo que va rápido y del que no nos podemos sustraer porque somos parte de esta tierra.

COMO ENFRENTARSE A LAS CRISIS
(Mensaje Maestro Enoch)

Los seres humanos se crean unas expectativas con otros seres y piensan como son y cómo les va a ir con ellos. Cuando esto no se da exactamente como ellos tenían previsto, entran en enfrentamiento con la otra persona simplemente porque no están actuando como ellos pretendían.

Los hay que se dan cuenta enseguida y dejan de luchar rápidamente, pero hay otros que no se dan por vencidos y hasta pueden estar en lucha toda una vida. Mientras unos y otros no aprendan que las cosas no son como ellos quisieran y que no todos los seres humanos son iguales, no dejaran de estar en crisis.

Las crisis siempre vienen porque no admitís el comportamiento de la otra persona. La riqueza en las relaciones se da cuando las personas son distintas pero se complementan, se respetan y se aceptan tal como son.

Cuando los seres humanos se encuentran es porque tienen ambos que aprender y enseñar a la vez. En algunos casos hay uno que enseña más que el otro. Si ese otro está dispuesto a aprender y está abierto a ello, no habrá crisis. Pero si no quiere aprender y tiene muchos egos, cada vez que se enfrente a una situación en la que tenga que actuar se resentirá y entrará en crisis.

Por eso se os dice que no luchéis, que os dejéis fluir. Eso quiere decir que no pongáis oposición porque el poner oposición supone perder energía, desarmonizaros y entrar en crisis. Dejaos fluir, cuando algo os duela deteneos y pensar cuál es la lección a aprender porque no hay ninguna crisis que sea gratuita, todas vienen por un motivo.

Después de una crisis generalmente vienen cambios de energía y se despejan las mentes (caen velos) y os dejan ver una parte que seguramente hasta ese momento no habíais visto. Si veis un punto en el firmamento hasta podéis pensar que es un defecto de vuestra vista, si os acercarais hasta ese punto veríais que es un planeta, un sol o una estrella. Así mismo cuando pasáis por situaciones dolorosas no les veis el sentido y pensáis, ¿por qué? Cuando pasa el tiempo y habéis aprendido lo que teníais que aprender os dais cuenta que esa experiencia fue enriquecedora y que hubo un antes y un después.

Mi mensaje está dirigido a todos aquellos que están pasando por un momento de aprendizaje doloroso. ¡No desesperéis! El tiempo de la tierra pasa rápido y las heridas se cierran aunque en estos momentos no lo creáis porque sangran, pero llegará el tiempo en que veréis que no era gratuito vuestro sufrimiento. Tener paciencia y sobre todo generar amor porque eso os hará sanar más rápido.

Sabed que vuestros Maestros están con vosotros en cada segundo de vuestra existencia, también en estos momentos por los que estáis pasando, no dudéis en pedirles ayuda para que el proceso sea más rápido y armonioso, para Ellos es un honor el serviros.

7- ENSEÑANZA

¿POR QUÉ SE REPITEN LAS LECCIONES?

El ser humano pasa a lo largo de su vida por una serie de circunstancias dolorosas y poco a poco las va superando, pero cuando algo es muy doloroso como por ejemplo la muerte de un hijo, quedarte sin casa, arruinarte, o cosas por el estilo, te marcan y te dejan huella. Es difícil superarlas y es más fácil echarles la culpa a los demás, a Dios, al médico o al que te lo hace. No recordamos que antes de nacer hicimos un pacto con ese ser para que él actuara de la forma que lo hizo. Sé que esto es difícil de entender y os preguntareis, ¿cómo yo voy a ser tan tonta que le voy a decir a alguien antes de nacer que me haga daño? Pero aunque no lo creáis así es. Nosotros damos nuestra aprobación cuando nos presentamos delante de los Ancianos del Karma. Con la ayuda de Ellos elegimos lo que tenemos que aprender en la vida siguiente y con quien. Generalmente nos juntamos con las mismas personas. Unas veces hacen el papel de hijos, otras amantes, de padres o amigos pero siempre nos reencarnamos con el mismo grupo. Esa elección es lo que se llama libre albedrío. Este libre albedrío se da antes de nacer y no cuando estamos ya en la tierra. Por supuesto que una vez hemos nacido se nos borra la Memoria Cósmica. No nos acordamos porque si nos acordáramos no podríamos seguir viviendo tranquilos sabiendo lo que nos va a pasar o lo que hemos vivido en las anteriores. Si supiéramos quién nos va a hacer daño saldríamos corriendo nada más verlo, así que la memoria de antes de nacer se nos borra para poder hacer nuestras misiones.

Algunas personas que somos muy sensibles, cuando nos reencontramos con alguien con el que hemos hecho un pacto, nada más verlo nos ponemos nerviosos y sentimos ganas de salir corriendo. Esto me ha pasado a mí en varias ocasiones y aunque intento razonarlo con la mente lógica al final siempre esas personas me han hecho pasar por circunstancias dolorosas. Por eso estas y otras experiencias me han enseñado a dejarme llevar por mis instintos o mi sensibilidad. Es lo que mucha gente llama, "tuve una corazonada". Tendríamos que estar atentos a ellas, porque son como fisuras de la memoria de antes de nacer y a veces son ayudas preciosas para avisarnos de lo que puede pasar y sufrir lo menos posible. Si hemos hecho un pacto para que pasen una serie de circunstancias, no lo vamos a poder evitar, pero si seguimos nuestro instinto seguramente el proceso será menos doloroso.

En ocasiones he encontrado a gente que se dice espiritual y cuando las veo a otros niveles me doy cuenta que están llenas de rabia. He visto a gente estupenda con buenas intenciones, con muchos deseos de crecer y ser auténticos seres de luz pero la falta de superación de sus problemas, de la rabia contenida y del rencor que tienen guardado en el fondo de su corazón, los alejan de los auténticos trabajadores de la luz. Por eso es importante sacar esas emociones ocultas aunque las hayas disfrazado.

Este es un planeta de emociones por lo tanto si estamos aquí es para vivir y sentir esas emociones no para evitarlas u ocultarlas. Todos en un momento de nuestra vida hemos podido sentir envidia, celos, rencor y otras emociones destructivas. Lo malo no es sentirlas lo malo es quedarse enganchados en ellas. Si las sentimos y posteriormente las trabajamos sin enmascararlas con otra emoción y las trasmutamos son perfectas porque eso forma parte de nuestra misión, *"Sentir emociones y saber manejarlas"*.

Tienes que entender que el guardar rabia y rencor en tu corazón hace que se contamine tu vehículo de luz y eso te aleja de Dios. Por eso es tan importante que perdones, pero cuidado que aquí hay un engaño. La gente dice que perdona pero no olvida. Si perdonas tienes que olvidar, ese es otro de los errores que comete el ser humano. Es peor el daño que te haces con tanta desarmonía que el que te pueda hacer otra persona porque el que te pueden hacer es durante un tiempo limitado, pero la rabia y rencor que sientes, puede estar dentro de ti a lo largo de toda la vida. Una vida de dolor y rabia donde seguramente pasarás el tiempo echándole la culpa de tus males a los demás, sin darte cuenta que eres el único culpable de sentirte un desgraciado. Cuando esto dura mucho tiempo se va convirtiendo en desarmonía para posteriormente dar cabida a una enfermedad.

Cáncer es una enfermedad de la mente, el cuerpo y el espíritu. Una más activa y positiva actitud ayudara a combatir al enfermo de cáncer a convertirse en un sobreviviente. La rabia, la incomprensión y el no perdonar pone al cuerpo en una situación de estrés y en un medio ambiente acido, esto predispone a que los radicales libres estén a sus anchas y si esto ocurre las células se oxidan y mueren. Aprender a tener un espíritu amable y amoroso con una actitud positiva es muy beneficioso para la salud. Hay que aprender a relajarse y disfrutar de la vida.

¿Por qué enfermamos? Por muchas razones los humanos utilizamos la enfermedad como medio de aprendizaje. Puede ser por:

- Estrés, por estar continuamente en desarmonía ya sea por disgustos continuos, rabia, celos, ira, etc. para obligarse a aprender y progresar.
- Por autocompasión y para ganarse la compasión y amor de los demás.
- Para averiguar algo acerca de la responsabilidad personal.
- Para conseguir el cariño y las atenciones de otras personas.
- Como ayuda para enseñar a otros.
- Para purificar el organismo de las toxinas acumuladas a lo largo del tiempo.
- Por falta de amor hacia nosotros.
- Como vía para llegar a una transición a la cual llamamos muerte.

Los motivos de cada persona son exclusivos y la responsabilidad del sanador, en parte, estriba en ayudarle a descubrir las pautas que han desencadenado ese desequilibrio físico. Desde luego nunca se puede sanar completamente un enfermo si un requisito básico "*Amarse y querer sanarse*".

El cuerpo humano posee una capacidad natural para mantener una condición interna estable y equilibrada dentro de ciertos límites o parámetros. *Es la mente humana la que hace que enferme una maquina tan perfecta.* Los médicos no naturistas tienen que aprender a ver al ser humano como un todo (parte física, magnética, eléctrica, mental y espiritual) y no solo como una materia física porque en general, si no se tiene en cuenta el todo y se quiere curar dando medicinas exclusivamente, solo conseguiremos poner parches a la enfermedad pero no van a la raíz del problema. Cuando un paciente viene a una consulta médica solo te indica donde le duele pero tenemos que saber que si hay una enfermedad es porque hay algo en la vida del paciente que está en desarmonía. Sanando esa parte emocional enferma se sanará el cuerpo físico. También tenemos que tener en cuenta el karma personal de la persona. Hay personas que nunca han fumado, son naturistas y sin embargo enferman de cáncer de bronquios. Las personas que tienen a su alrededor se preguntan, ¿cómo es posible un hombre que ha llevado una vida tan saludable enferme de cáncer? Seguramente su karma era que tuviera esa enfermedad. Tal vez en otra vida ha debido maltratar su cuerpo y ahora en la presente está pagando las consecuencias, o también puede ser que tenía que pasar por esa experiencia. A veces no es como castigo sino que simplemente llegó su tiempo y eligió esta enfermedad para que los que están en su entorno aprendan una o varias lecciones.

LA DUALIDAD
(Mensaje Maestro Enoch)

¿Qué es la dualidad? Es sentir dos cosas a la vez. A veces la mente y el corazón están separados. La mente te dice que no te conviene eso y el corazón te arrastra hacia ello.

Esa dualidad, hace que el ser humano entre en una lucha constante. Lucha en la que pierde muchas energías y deja muchas horas de su vida porque mientras está en esa lucha de mente/corazón, no está abierto a otras realidades. No está creando y el ser humano es creador por naturaleza.

Cuando el ser humano entienda el lenguaje de su YO SUPERIOR dejará de existir la dualidad y se convertirá en UNO con las energías SUPERIORES con su YO SUPERIOR, con su ESENCIA.

La mente está llena de traumas vividos, de ideas implantadas equivocadas y de conceptos dudosos impartidos por otras personas que a su vez fueron influenciadas por esos conceptos. ¿Cuándo vais a romper ese círculo? La respuesta está en... Cuando seáis capaces de actuar solo por amor, cuando seáis capaces de olvidaros de todo lo aprendido y dejaros llevar por vuestros sentimientos.

Si el ser humano actuara solo dejándose llevar por sus auténticos sentimientos y no por sus necesidades o por lo que les hallan inculcado de pequeños, seriáis capaces de dominar vuestra vida y atraer a ella lo que realmente necesitarais para ser felices y crecer cada día más como humanos.

En una batalla en la que luche mente y corazón siempre ganará el corazón. Por eso la inteligencia en el mundo espiritual no sirve para nada si no va acompañada de amor. Es mucho más importante un ser amoroso aunque sea inculto que un ser profesional muy inteligente. Ahí tenéis la respuesta de por qué a lo largo de la historia de la humanidad, las apariciones de seres de luz se han dado a personas humildes y casi sin cultura. Ellas no estaban manipuladas por ideas o conceptos equivocados, sus mentes eran vírgenes y no iba a ver la lucha entre corazón y mente. Ellas veían y su corazón sentía que lo visto era lo verdadero y ya no necesitaban más. El MAESTRO JESUS dijo: ¡DEJAD QUE LOS NIÑOS SE ACERQUEN A MI!

Cuando el ser humano actúa con amor y sin prejuicios implantados por las culturas, religiones, traumas, u otros conceptos mentales es entonces, solo entonces, cuando se convierte en un ser puro, en un niño. ¡SED COMO NIÑOS Y CRECEREIS MÁS APRISA!

Con amor infinito.

8- ENSEÑANZA

¿POR QUE SER VEGETARIANO?

Durante un tiempo mis Maestros me repetían que tenía que hacerme vegetariana o mi cuerpo poco a poco se pudriría para finalmente irme a otra dimensión (morir) sin cumplir mi misión. Tanto lo repitieron que no tuve más remedio que hacerme vegetariana. No es que yo comiera carne pero si pescado y dejar de hacerlo fue un gran sacrificio. Con el tiempo me di cuenta que por mi constitución y herencia genética no podía comer carne porque mi cuerpo no asimila bien las proteínas. Aprendí que no se necesita la carne para seguir viviendo y que no solo te sientes más ligera y sutil al subir tus vibraciones sino que sanas de muchas enfermedades o dolores, sobre todo de huesos. Ahora muchos años después me siento más fuerte y vital que antes de hacerme vegetariana.

Si queremos subir nuestras vibraciones, una de las cosas a tener en cuenta es esta, ser *vegetarianos*. Ya no es el momento de excusas como, "no tengo tiempo de hacerme otra cosa" o "no sé cocinar vegetariano". Si somos capaces de hacer grandes sacrificios por no engordar, ¿cómo es que no somos capaces de dejar de comer carne para sanar nuestro cuerpo? Es un contrasentido. He conocido a seres que se decían maestros espirituales y que comían como cerdos, eso no encaja. Uno tiene que ser coherente con lo que predica y si yo sé cómo funcionan las energías tengo que saberlas manejar.

Cuando tú te comes un animal no solo estás comiendo su carne, también su parte energética, su dolor al morir. Ese dolor y angustia se incrusta en sus células y ellas tienen memoria. Esa memoria se trasmite a todo tu cuerpo y hace más difícil tu crecimiento espiritual como ser de luz. Cuanto más ligero y natural sea lo que comes más ligera y sutil será tu energía. Ya tenemos demasiado trabajo para poder crecer espiritualmente sin necesidad de añadir más con los alimentos que comemos. Por eso es importante que cuidemos nuestra alimentación si realmente queremos estar en el mundo espiritual. Aprendamos a dar las gracias a los elementales que hacen que podamos comer una simple y maravillosa lechuga u otra cosa.

Lo que comamos en este momento es muy importante. Un buen balance en la comida no solo nos va a dar fuerza o energía sino que nos hará que tengamos las energías más densas o más sutiles. Por eso el dejar de comer carne es una de las prioridades para tener una energía más sutil. Cuando digo carne estoy diciendo pollo, pescado, ternera, cerdo. Hago esta aclaración porque aunque parezca mentira, en algunos restaurantes, cuando digo que soy vegetariana y que me recomienden alguna comida de la casa, lo primero que me dicen es algo que contiene pollo. Para ellos vegetariano es no comer cerdo o ternera pero si pollo. El animal de más baja vibración es el cerdo y todos los derivados de él. De todas las carnes la menos mala sería el pollo si no estuviera lleno de hormonas. Gracias a esas hormonas los hombres se están quedando con los espermatozoides débiles o vagos y las mujeres adquieren una gordura artificial y cada vez hay más gente gorda. Parte del problema está en las hormonas que masivamente ponen a las gallinas para engordarlas artificialmente y más rápidamente.

También la leche de vaca debemos dejar de tomarla. Sé que con esto entro en polémica y que para muchos médicos alópatas (no naturistas) hay que tomar leche por el calcio y la proteína que aporta, pero como médico naturista, les digo que no hace falta tomar leche de vaca para tener la proteína o el calcio que se necesita. Esta proteína se puede conseguir de las almendras, verduras, garbanzos, alubias, lentejas y de la leche de almendras y soya. Cada vez hay más niños que tienen alergia a la leche de vaca. Quiero hacerte una pregunta y antes de seguir leyendo responde a ella. ¿Cuál es el animal que no se desteta nunca? Ese único animal es *el hombre*. Durante toda su vida sigue tomando leche y la siguiente pregunta es: ¿Cuál es el animal que toma leche de otro animal? *El hombre* es el único animal que toma leche de otro animal, eso es antinatural. Las enzimas de la leche de vaca son incompatibles con las que genera el estómago humano. Su grasa es difícil de asimilar y producen alergias y diarreas a muchas personas. Cuando somos bebes generamos unas encimas capaces de deshacer la grasa de la leche de la madre. Conforme nos hacemos mayores esas enzimas dejan de generarse coincidiendo con el destete. A partir de ese momento no se debería tomar más leche y menos de vaca. El estómago del ser humano no está hecho para tomar leche de un animal, solo debería tomarla de su madre.

Por otra parte las aguas de los mares están muy contaminadas especialmente el Mediterráneo. Cada vez hay más petróleo y metales pesados en sus aguas y cuando ingerimos alimentos del mar estamos tomando estos contaminantes. Estos no se disuelven en el organismo y se van acumulando año tras año. Muchos de los tumores y enfermedades de ahora son debido a los metales pesados que arrastra nuestro organismo. Si fuésemos capaces de eliminarlos, la mitad de las enfermedades desaparecerían. Los pescados en este momento nos transmiten muchos metales pesados, hay que tener cuidado con ellos. ¿Qué nos queda? Las frutas y verduras, pero también hay que tener mucho cuidado y lavarlas muy bien antes de comérselas porque los pesticidas que ponen envenenan nuestro cuerpo. Creemos que estamos comiendo sano y no nos damos cuenta que estamos metiendo veneno en nuestro organismo. No se debe comer ninguna fruta ni verdura si antes no la lavamos bien y la tenemos unos minutos en remojo con unas gotas de lejía o sal de higuera. Con ello eliminarías todo residuo de los pesticidas y estarías seguro que lo que metes en tu cuerpo no es veneno.

Lo ideal sería productos de tu huerta donde no pongas pesticidas ni nada que los contamine. Yo recomiendo a la gente que tiene un poco de terreno o simplemente una terraza que siembre. No se necesita mucho terreno para ello. Un ejemplo de siembra en sitios reducidos y sin tierra son los **hidropónicos**. Esta forma de sembrar no necesita tierra, se siembran en un recipiente con agua potenciada con los minerales necesarios. Los resultados son mejores que con tierra y además con la ventaja de un mínimo de terreno porque se necesita muy poco espacio (pueden estar uno encima del otro) y hasta en una terraza puedes sembrar. Sus ventajas son muchas e incluyen:

- No depende de las estaciones de forma estricta debido a que se puede hacer en invernaderos.
- No depende de la calidad de los suelos del área geográfica en cuestión.
- Se puede controlar la calidad de los nutrientes de forma más objetiva.
- Permite la producción de semilla certificada.
- Permite el control de plagas, parásitos, bacterias, hongos y virus.
- Permite el mejor uso del agua, porque se recicla.
- Permite la disminución del uso de agentes tóxicos.
- No usa maquinarias pesadas.
- Puede ser altamente automatizada.
- Puede protegerse de los efectos del clima.
- Las frutas y vegetales tienden a crecer de forma regular (todos con el mismo promedio de tamaño) sin que haya parches de tierra de mejor o peor calidad porque no dependen de la tierra sino de las soluciones y del sustrato.

- Permite la implementación de cultivos en zonas urbanas y sub-urbanas (incluso en patios, terrazas, etc.) en forma de huertos familiares
  - Información tomada de Wikipedia:

RECONOCEROS COMO LO QUE SOIS, DIOSES
(Mensaje Maestro Enoch)

Todo acto humano es sagrado, pero al no reconoceros como Dioses capaces de hacer grandes cosas no le dais ningún valor a cualquier acto de vuestra vida.

Tenéis un ejemplo en el comer. ¿Alguna vez habéis pensado el acto divino que supone comer? Fijaos... Os metéis dentro de vuestro cuerpo unas energías diferentes a las vuestras, vuestro cuerpo tiene primero que deshacerlas, triturarlas y paso siguiente descomponerlas y transformarlas en proteínas, vitaminas, minerales, etc.

En definitiva, entra una energía por vuestra boca y vosotros como Dioses creadores la transformáis en energía necesaria y beneficiosa para vosotros. La convertís en todo lo que necesitáis para que vuestro espíritu pueda seguir viviendo en ese cuerpo que tenéis. ¿Esto no os parece un acto maravilloso de CREACION DIVINA?

9- ENSEÑANZA

LA MADRE TIERRA

Al igual que tenemos que aprender a amarnos y amar a los demás, también tenemos que aprender a amar al planeta tierra y todos los seres que lo habitan, y cuando digo amarlo digo también cuidarlo. Muchos seres espirituales lo son solo de palabra pero no con hechos y esa es la diferencia entre un ser de luz y uno que se dice espiritual pero que no actúa como tal. Los seres de luz tienen que demostrarlo con su actuación diaria. Tienen que hacer la diferencia y una de las formas de demostrarlo es preocupándose y ocupándose del planeta tierra.

En las escuelas debía de haber una asignatura que nos explicara lo que son los elementales pero no la hay, y a lo largo de nuestra vida es poco probable que tengamos la suerte que yo tuve de conocer a un chaman (hombre de saber) y me enseñará a amar los árboles, a pedirles permiso si cortaba una hoja y a recargarme de su energía. Algo que era habitual entre los primeros pobladores de la tierra y que se ha ido trasmitiendo de unos pueblos a otros. De esto saben mucho los indios o indígenas de todos los tiempos. Ellos son los que aun mantienen el contacto con los elementales.

¿Qué son los elementales, o espíritus de la naturaleza?

Son seres del mundo espiritual, conectados directamente con los cuatro elementos: Agua, Tierra, Aire, y Fuego. Se encargan de la creación y cuido de la naturaleza. Son anteriores a la aparición del hombre en el planeta, incluso antes de que se creara el planeta tal como lo conocemos porque son ellos los que ayudaron al Plan Cósmico a crear los bosques, ríos, montañas, atmósfera, lluvia, etc. Es curioso como a lo largo de la historia de la humanidad esa información se ha ido transmitiendo de pueblo en pueblo y de sitios y tiempos tan lejanos como los Sumerios, Caldeos, Egipcios, Chinos, pueblos indígenas de África, Asia, Polinesia... Los dibujos que se encontraron los muestra casi idénticos sin importar lo lejos que estuvieran unos de otros. Se les considera espíritus juguetones, animados, traviesos, en su nivel de conciencia se le puede considerar como un niño que no tiene muy claro el bien del mal.

Los elementales del Fuego se llaman: Salamandras
Los elementales del Agua se llaman: Ondinas o Ninfas
Los elementales de la Tierra se llaman: Gnomos
Los elementales del Aire se llaman: Silfos

Cuando vamos paseando por el campo o estamos en el mar tenemos que tener un pensamiento de amor para esos seres que han ayudado a crear algo tan hermoso como es este planeta. Tenéis que pedir permiso cuando valláis a cortar una rosa o una planta, porque la planta tiene vida muy elemental pero la tiene. Si hacemos esto os daréis cuenta que inmediatamente la planta responde creando flores preciosas y os crecerán unas plantas verdes y frondosas. Un secreto que os voy a trasmitir: si vuestra planta se está muriendo, una de las formas de darle vida es poniendo alrededor del tallo trozos de cristal de cuarzo. Las puntas tienen que estar dirigidas hacia el tallo. En poco tiempo veréis como empiezan a crecer hojas nuevas.

El planeta tiene vida propia y ya está cansado de tanto dolor, de pruebas nucleares que le crean grandes heridas, de productos químicos enviados a la atmósfera y sobre todo de ataques psíquicos de cada uno de nosotros con nuestros pensamientos y palabras negativas. Dejamos de ser aliados de los elementales para convertirnos en verdugos de la madre tierra. No nos damos cuenta que lo que le pase a ella nos pasa a nosotros. Somos capaces de quemar los bosques sin pensar en las consecuencias. No nos paramos a pensar que con esta acción nos estamos matando nosotros porque un bosque no es solo un grupo de árboles, también es un lugar donde hay vida. En ellos viven millones de especies que dan vida al planeta y crean una cadena alimenticia donde todo es armonía. Se evita la erosión que crean las lluvias y se hace magia porque se crea oxigeno, algo vital para nuestra supervivencia. No solo el que quema el bosque intencionadamente es responsable, también aquel que deja una botella de cristal, tira una colilla de cigarrillo encendida o el que enciende una fogata sin las precauciones necesarias. El ser ignorante de esto no nos exime de la responsabilidad.

Todos formamos parte de una cadena y lo que hace uno repercute en los otros. Por eso nadie está libre de lo que haga un irresponsable o alguien que está aun dormido. Lo malo de esto es que muchos de los que se dicen trabajadores de luz se olvidan de que lo son a la hora de llamarle la atención a alguien que tira una botella al suelo y tampoco la recoge con lo que se convierte en cómplice. Es más fácil hacer oídos sordos y ojos ciegos que tener la valentía de defender tus creencias. Nada es gratuito en el mundo espiritual y cuando se te han dado conocimientos es porque los tienen que poner en práctica. Si no lo haces estás perdiendo la oportunidad de crecer y ser cada vez mejor y te estancas en tu crecimiento espiritual.

En el año 2004 nos mudamos mi marido y yo a Orlando. A los pocos días de llegar, anuncian la llegada de un huracán. Esta experiencia la cuento en una carta que posteriormente envíe a mis amigos. Hoy quiero compartirla con vosotros porque es esclarecedora de cómo trabajan los elementales si se les pide ayuda.

¿POR QUE NO CREER EN MILAGROS?
8/13/2004

Cuatro días después de que pasara por Orlando el huracán Charley quiero compartir con vosotros la experiencia que mi marido y yo hemos vivido.

El viernes trece, me levanté como de costumbre y me dispuse a hacer una meditación. De pronto sentí que mi Maestro Enoch me estaba dando un mensaje relacionado con los elementales:

¿POR QUE NO CREER EN MILAGROS?
(Mensaje Maestro Enoch)

Los elementales son aliados vuestros os necesitáis mutuamente. Teméis a las tormentas, huracanes, tifones... y lo que no sabéis es que todas esas manifestaciones de la madre naturaleza son para sanar el planeta. Esas son las formas que tienen de limpiar la atmósfera de contaminación, no solo física sino también psíquica. Todos los pensamientos que emitís se quedan en la atmósfera. En estos momentos esos pensamientos son todos desarmoniosos. Los humanos emitís pensamientos de guerra, de agresividad, de envidias, de celos, de codicia... Todos estos pensamientos contaminan la atmósfera y hace una especie de cinturón de energía negra densa alrededor del planeta que a veces nos resulta muy difícil pasar para llegar a vosotros. Los elementales están para ayudaros a crear equilibrio. Si los vierais así os asociaríais con ellos y no serían tan destructivos, pero su solo nombre, HURACAN, crea en vosotros la energía del miedo y eso hace que os alejéis más de ellos.

Cuando paséis por una experiencia así uniros a ellos. No preocuparos por las pérdidas materiales porque si en esos momentos estáis en armonía, ellos os respetarán y aunque estéis en el mismo ojo del huracán, no sufriréis daños. Cuando paséis por esa experiencia envolver vuestra casa o donde os encontréis en una especie de burbuja protectora y pedir a los elementales que pasen alrededor sin haceros daño. Os sorprenderéis de cómo os escucharán y os responderán.

Hace eones en el tiempo todos los elementales y los humanos vivíais en armonía pero en el momento que los humanos generasteis la energía del miedo os separasteis de ellos y ya no hay comunicación entre vosotros. Solo unos cuantos privilegiados siguen comunicándose con las plantas, animales, cristales, agua, fuego, tierra, aire. Para estos pocos la vida les resulta más fácil que para los que no se comunican porque han aprendido que todos estáis enlazados en una cadena y que nadie es más importante que el otro. Nadie es superior porque todos os necesitáis para vivir en este planeta. Tenéis un hermoso planeta, uno de los más hermosos que existen. ¡Cuidarlo!, porque al cuidarlo os cuidáis vosotros. ¡TODOS SOMOS UNO!

Con infinito amor,

En esos momentos yo no sabía que el huracán se dirigía hacia Orlando. Las últimas noticias decían que se dirigía hacia Tampa. Al rato me llamo mi amiga Marina desde Puerto Rico muy preocupada porque Charley ya tenía intensidad 4 (la intensidad mayor es 5) y se dirigía hacia Orlando. Sentí la angustia de Marina pero me asombre porque yo no estaba preocupada. Hacía una semana que nos habíamos mudado a esta casa pues estábamos empezando un nuevo camino en un país nuevo. Para nosotros era empezar de cero y solo teníamos un colchón en el suelo donde dormir, un coche que ni siquiera habíamos empezado a pagar, una pequeña TV y una antena de TV que la habían puesto hacia 2 días. Esas tres cosas ocuparon mi pensamiento pero rápidamente pensé en el mensaje y me di cuenta que mi Maestro me había avisado precisamente para que no me preocupara. Así que no lo hice y lo tome como que estaba a punto de pasar por una nueva aventura. Una aventura en el que el resultado dependía de mí. Si yo hacía lo que el Maestro decía no pasaría nada, pero tenía que estar muy consciente de que el resultado dependía de nosotros, de no perder los nervios durante todo el proceso y estar en armonía.

Y así fue, pusimos el colchón bajo de la ventana (algo que no se debe hacer durante el paso de un huracán por el peligro que supone) nos acostamos y nos dispusimos a no perdernos nada de esta nueva aventura. Eran sobre las 9 de la noche cuando sentimos las primeras ráfagas del viento más fuertes. Mi esposo y yo nos pusimos a meditar y visualizar nuestra casa, coche y la antena de TV envueltas en una cúpula o burbuja de color azul, al mismo tiempo pedimos a los elementales que pasaran sin hacernos daño.

Después de un rato nos quedamos tranquilos mirando por la ventana y sintiendo la lluvia y el viento. Lo siguiente que recordamos es que nos despertamos a las 6 de la mañana de un hermoso día. El huracán había pasado y no nos habíamos enterado. Miramos la antena de la TV y no se había movido pero lo más asombroso era que alrededor del coche estaba lleno de ramas y hojas de los árboles pero encima del capo solo había una hojita.

Al principio pensamos que por esta zona no había pasado pero nuestra sorpresa fue en aumento al salir de casa y en la misma calle ver un gran árbol arrancado de raíz. Alrededor nuestro contamos 5 árboles grandes que habían sido arrancados. Todo a nuestro alrededor era desolador, sin embargo, ni la antena de TV se había movido. El domingo cuando vimos el periódico nos asombramos más al darnos cuenta por una foto, que nosotros nos encontrábamos en el lugar donde más daño había hecho.

No tuvimos más remedio que reconocer que nos había salvado un auténtico milagro o quizás no es tan milagroso el hecho de ser capaces de pensar y actuar de diferente forma convirtiéndonos de una vez por todas en el hombre nuevo. Ese hombre capaz de hacer milagros solo con proponérselo. ¿Por qué no pensar que somos seres con unas capacidades que aun ahora solo unos pocos han descubierto? Me llama mucho la atención que casi todos creemos en Dios, unos pocos en los Ángeles y algunos hasta recibimos mensajes de Maestros espirituales. Sin embargo, no creemos en los milagros y mucho menos en la capacidad del ser humano para crear algo extraordinario. La ciencia cada vez se está acercando más al mundo espiritual, dando explicaciones de hechos que hasta hace poco no se tenía explicación científica. La medicina quántica está contribuyendo a ello. Ya se sabe que la mente puede influir en la materia. Los que trabajamos en la salud sabemos la importancia que tiene que el paciente se quiera sanar para sanarse.

Cuando al día siguiente del paso del huracán hablé con mis amigos hubo comentarios para todos los gustos. Las explicaciones fueron muchas y distintas dependiendo sobre todo si son mentales o no. En general mis amigos creen en mi pero eso de que los elementales como un huracán pasara por aquí y por pedirles que no nos hicieran nada nos respetaran era demasiado. Así que tuve que oír comentarios como "Eso fue que el ojo del huracán pasó por allí e hizo un vacío o agujero y por eso no os hizo nada" (a unos pocos metros de mi casa había un árbol arrancado).

¿Por qué nos resulta tan difícil creer en nosotros, en nuestra capacidad superior de crear nuestra realidad presente? o ¿será porque estamos habituados y nos resulta más fácil pedir para que Dios o los Ángeles hagan nuestro trabajo y así no tener responsabilidades? ¿Hasta cuándo seremos como niños? ¿Por qué buscamos siempre explicaciones con nuestra mente lineal cuando se sabe que no utilizamos ni el 10% del celebro? Mi verdad de hoy, con la capacidad que tengo en estos momentos, es que mi fe movió montañas. Creí en lo que me dijo mi Maestro y la armonía que generamos tanto mi marido como yo creó una especie de escudo protector o aura armoniosa y eso fue suficiente para que el huracán no nos afectara. Trabajé con una parte del celebro que tenemos pero que muy pocos utilizan. Uno de los pocos que la utilizó fue el Maestro Jesús y recordar que dijo *"Lo que Yo hago vosotros lo podéis hacer"*.

Por favor creer en vosotros y por qué no, también en los milagros.

10-ENSEÑANZA

¿QUE ESTÁ PASANDO EN EL PLANETA TIERRA?

En el año 1988 mis Maestros ya me anunciaban los cambios que iban a suceder en el planeta tierra. Conforme me describían lo que iba a pasar, yo me negaba a creerlo. No me imaginaba una raza tan torpe que permita la desaparición, no solo de miles de razas de animales y plantas, sino lo que es peor, hasta la posibilidad de la desaparición de la raza humana. En este momento ya no es fantasía de unos pocos, día a día se está viendo y sintiendo todo lo anunciado por los Grandes Seres a la humanidad.

No existe ninguna duda de que el cambio climático y la pérdida de biodiversidad están directamente relacionados. Esto es la consecuencia de la actividad humana. La concentración de dióxido de carbono en la atmósfera del planeta se encuentra en un nivel nunca visto desde hace miles de años. El resultado de esto es el cambio climático.

El dossier, **"Evaluación de los Ecosistemas del Milenio",** elaborado por 1.300 científicos de 95 países, demuestra que la degradación progresiva de dos terceras partes de los ecosistemas puede tener consecuencias desastrosas para la humanidad en los próximos 50 años. Estamos experimentando la mayor ola de extinciones después de la desaparición de los dinosaurios. Cada hora, tres especies desaparecen. Cada día, más de 150 especies se pierden. Cada año, entre 18.000 y 55.000 especies se convierten en extintas.

El cambio climático es una de las mayores fuerzas impulsoras del actual nivel de pérdida de la biodiversidad. Se espera que a finales de este siglo, especies y ecosistemas luchen para adaptarse a los cambios de la temperatura y el aumento de las lluvias. Esto ya es evidente en el Ártico, considerado el barómetro medioambiental del planeta, en donde la reducción de los hielos amenaza con hacer desaparecer a los osos polares y a otras especies únicas.

Asimismo, los efectos del cambio climático serán mayores en los países más vulnerables. Paradójicamente estos países son los que menos contribuyen al calentamiento de la tierra. El cambio climático ha causado la caída de un 30% del nivel del Lago Victoria. Entre un 25 y un 40% de las especies únicas en África pueden perderse en el 2085. Por otro lado, la relación entre el cambio climático y la biodiversidad también van en sentido inverso. Así, pues, la pérdida de la biodiversidad y el deterioro de los hábitat naturales, como son la destrucción de los arrecifes de coral o de los bosques y los manglares, contribuyen al cambio climático.

En los bosques y las extensiones de turba se almacenan importantes cantidades de dióxido de carbono. Los manglares son decisivos para impedir el aumento del nivel del mar. Un total de 27 especies se ha declarado oficialmente extinguidas en el planeta en los últimos 20 años, lo que supone que el ritmo actual de pérdida de biodiversidad es de cien a mil veces mayor que el que ocasionaría los procesos naturales de extinción de animales y plantas. Las especies oficialmente desaparecidas en el planeta desde hace unos 40 años, suman ya las 784 y otras 65 sólo sobreviven en cautiverio o en cultivos. La Lista Roja de especies amenazadas de 2006 -la última elaborada- determina que de las 40.177 especies evaluadas en el mundo, 16.119 se consideran en alguna de las cuatro fases de peligro. Ello supone que están amenazadas el 12% de las especies de aves, el 23% de mamíferos, el 52% de insectos, el 32% de anfibios, el 51% de reptiles, el 25% de coníferas y el 20% de tiburones y rayas.

Ante este panorama cabría preguntarse:

Y EL HOMBRE DE LA CALLE ¿QUE PUEDE HACER?

Lo que podemos hacer desde casa

Después de la reunión de expertos de la ONU sobre Cambio Climático realizada en Paris, Francia el 1 de febrero de 2007, se determinó que solo quedan 10 años para que entre todos podamos frenar la catástrofe ambiental y climática que se avecina. La responsabilidad NO es solo de políticos y empresarios, así que lo que cada habitante de la Tierra haga en contra de estos fenómenos es clave para salvar el planeta, nuestras vidas y las de nuestras futuras generaciones.

1. EL AGUA: Consume la justa.

Evita gastos innecesarios de agua con estos consejos:

- Mejor ducha que baño. Ahorras 7.000 litros al año.
- Mantén la ducha abierta sólo el tiempo indispensable, cerrándola mientras te enjabonas.
- Evita dejar la llave abierta mientras te lavas los dientes o te afeitas.
- Evita lavar los alimentos con la llave abierta, utiliza un recipiente. Al terminar, esta agua se puede aprovechar para regar las plantas.
- Utiliza la lavadora y el lavavajillas sólo cuando estén completamente llenos.
- Repara lo más pronto posible las fugas, 10 gotas de agua por minuto suponen 2.000 litros de agua al año desperdiciados.
- Utiliza plantas autóctonas, que requieren menos cuidados y menos agua.
- Reutiliza parte del agua que usa tu lavadora de ropa, esta te podrá servir para los baños, limpiar pisos, hacer aseo o lavar el frente de tu casa.
- Evita tirar el aceite por los fregaderos. Flota sobre el agua y es muy difícil de eliminar.
- No arrojes ningún tipo basura al mar, ríos o lagos.
- Riega los jardines y calles con agua no potable.
- El mejor momento para regar es la última hora de la tarde ya que evita la evaporación
- El agua de cocer alimentos se puede utilizar para

regar las plantas
- El gel, el champú y los detergentes son contaminantes. Hay que usarlos con moderación y de ser posible optar por productos ecológicos.

2. BASURAS: Más de la mitad son reciclables ¿Por qué no las RECICLAMOS y AHORRAMOS?
- La ley de las 3 Erres: RECICLAR, REDUCIR el consumo innecesario e irresponsable y REUTILIZAR los bienes.
- Al recuperar cajas de cartón o envases que también son hechos con papel contribuyes a que se talen menos árboles, encargados de capturar metano y de purificar el aire. Al reutilizar 100 kilogramos de papel se salva la vida de al menos 7 árboles.
- Separa las basuras que generas. Debes consultar en tu administración local o en tu unidad residencial si disponen de un sistema de selección de basuras.
- Usa siempre papel reciclado y escribe siempre por los dos lados.
- Usa envases que sean RETORNABLES.
- Evita malgastar las servilletas, pañuelos, papel higiénico u otra forma de papel.
- Elije siempre que puedas envases de VIDRIO en lugar de Plástico, Tetra pack y Aluminio. Si usas Tetra pack, recicla las cajas en todos los buzones de los supermercados.
- Recuerda que hay empresas dedicadas a la compra de materiales reciclables como papel periódico, libros viejos, botellas, etc.

3. ALIMENTACIÓN: Disminuye el consumo de carnes rojas

- Disminuye el consumo de carnes rojas, ya que la cría de vacas contribuye al calentamiento global, a la tala de árboles y la disminución de los ríos. Producir un kilo de carne gasta más agua que 365 duchas.
-Evita consumir alimentos "transgénicos" (OMG - Organismos manipulados genéticamente) ya que su producción generalmente se hace con monocultivo, que deteriora las tierras.
- Consume más frutas, verduras y legumbres que carnes.
- Nunca compres pescados de tamaños pequeños para consumir.
- Si puedes, consume alimentos ecológicos (sin pesticidas, sin insecticidas, etc.)

4. ENERGÍA: No consumas de más

- Evita usar en exceso la plancha o la lavadora, que gastan mucha energía y agotan los recursos para generarla. Esto lleva a que los países se vean en la necesidad de usar petróleo, carbón o gas para copar la oferta energética. Estos combustibles generan gases como el dióxido de carbono, que suben la temperatura.
- Apaga el TV, radio, luces, computador (pantalla) si no las estas usando.
- En tu lugar de trabajo apaga las luces de zonas comunes poco utilizadas.
- Utiliza bombillas de bajo consumo energético.
- Trata de no viajar solo, organiza traslados en grupo o en transporte público. Infla bien las ruedas

de tu coche (de acuerdo a lo recomendado por el fabricante) para que ahorres combustible y el motor no la queme en exceso.
- Empieza a utilizar la bicicleta en la medida de lo posible.
- Revisa la emisión de gases de tu vehículo.
- No aceleres cuando el vehículo no esté en movimiento.
- Reduce el consumo de Aire Acondicionado pues este reduce la potencia y eleva el consumo de combustible.
- Modera tu Velocidad: En carretera nunca sobrepases los 110 kilómetros por hora ya que más arriba produce un exagerado consumo de combustible.
- Nunca cargues innecesariamente tú vehículo con mucho peso: A mayor carga mayor consumo de combustible.

5. PAPEL

- Usa habitualmente papel reciclado
- Usa las hojas por las dos caras
- Haz sólo las fotocopias imprescindibles
- Reutiliza los sobres, cajas, etc.

El hombre es arquitecto de su destino y decide como quiere los cambios, si drásticos con el peligro que eso entraña o suaves. Aun tengo esperanzas de que la humanidad se dé cuenta a donde le está llevando este consumismo desorbitado. Espero que despierten de esa ceguera total que, a pesar que en estos momentos ya se ha hecho realidad lo profetizado por los Maestros, no quieren ver.

Prefieren cerrar los ojos y oídos a lo que no les interesa o como he oído alguna vez decir, "yo no voy a ver eso, quizás mis nietos. "No *hay peor ciego que el que no quiere ver*".

El siguiente mensaje fue recibido en el año 1990 y aunque no es del Maestro Enoch me parece interesante añadirlo a estos mensajes porque en él nos advierten de lo que va a pasar si la raza humana no despierta. Lamentablemente ya está pasando, a pesar de mi incredulidad de que los humanos despertaríamos antes de que esto que nos anunciaban pudiera pasar. No ha sido así y ya estamos viendo lo que nos está llevando la locura y falta de conciencia de la raza humana.

MENSAJE 25 DE JULIO DE 1990, OAXACA, MEXICO
(Mensaje sacado del libro "Experiencias con chamanes y seres de otra dimensión, de AKALISUN", libro agotado)

Mis queridos hermanos, Yo, la Fuente de Luz presente en esta materia, les digo que muchas cosas tienen que pasar. Los momentos difíciles se acercan, año 1991, se cierran las tijeras aztecas. La madre tierra tiembla, islas que se hunden, volcanes que se abren, lumbreras que se prenden, montañas que se hacen llanos y llanos que se vuelven montañas, lugares que fueron lagos y vuelven a ser lagos, aires vientos fuertes, agua, fuego que purifica la tierra. La tierra entra a otro plano, la energía se apodera, la tierra sube, deja de ser infierno de expiación y entra a un mundo superior donde todos ustedes, mis queridos hermanos, son el eslabón de la cadena. Juegan un papel importante, el juego se hace así.

Contactos, médium llevando los mensajes cósmicos abriendo conciencias, despertando corazones, manejando la inteligencia del Padre a través del pensamiento y la ternura de la madre a través del corazón, inteligencia y conciencia que son pilares de fuerza que mantienen al mundo y que motivan Energías Superiores.

Mis queridos hermanos yo la Fuente de Luz, presente estoy y les digo en verdad que todo se cumplirá. Los libros sagrados hablan, esos libros sagrados fueron escritos, y fueron dictados por grandes Maestros Cósmicos, Maestros que ustedes ahora les llaman Ascendidos, Energías Superiores que están en contacto con ustedes.

Evolución, revolución en todos los aspectos: revolución en las mentes, revolución en la medicina, en la política, evolución revolución fuerza energía, la Fuente de Luz se abre y les dice la verdad. Mucho hay que aprender, mucho hay que dar, mucho hay que intercambiar.

Abran sus mentes y sus corazones empiecen el trabajo que deben hacer. Todo se hará a nivel internacional; habrá comunicación en todos los puntos de la tierra, China, Japón, Oriente, Sur, Este, Oeste, Occidente, hablarán el mismo lenguaje. Entrará el lenguaje telepáticos en todos, abra un movimiento, todo el mundo pondrá su grano de arena, el hombre será mejor.

Bienaventurados los hombres que tienen la fe puesta en la verdad, y con esa fe mueven montañas. Yo les digo, mis queridos hermanos, que así es, con la fe ustedes moverán montañas y construirán un castillo de protección en el mismo fuego, en las mismas aguas movedizas pondrán su casa y serán protegidos porque el rayo no les caerá, porque está escrito que los que tengan que vivir vivirán y los que tengan que morir morirán.

No descansen, prepárense, los días que se acercan son difíciles, y cada uno de ustedes debe tener una antorcha de luz para poder caminar en las tinieblas que se avecinan, para poder dar al mundo el auxilio que necesita. Tienen que prepararse en palabras, en acciones, en prácticas, en conocimiento, en medicina.

Queridos hermanos, sus corazones deben estar llenos de amor. Sus materias deben ser más sutiles, sean más despegados de lo material, sean más libres en sus acciones.

Si, los momentos son difíciles, pero ustedes serán capaces y en ningún momento deben tener miedo para poder lograr escalar.

Mis queridos hermanos, quiero decirles de todas formas que si esas bombas y esos gases venenosos alteran la atmósfera de su planeta, la Santa Fuerza, la energía viva que está en el centro del planeta huye y su planeta será solamente un desierto de muerte y ustedes, mis queridos hermanos, que están dependiendo totalmente de esa energía interna, de esa fuerza, de ese tercer laboratorio de Logos, que se encuentra en la novena esfera, ¿qué les sucederá? Pues que ustedes serán como la tierra, cadáveres. Sus materias se unirán al cadáver enorme de la tierra y sus cuerpo astrales regresarán a su lugar de origen mientras sus cuerpos mentales estarán con los Señores del karma para que ellos les dirijan y sepan exactamente donde irán a dar, donde estarán. En que infiernos podrán seguir pagando sus culpas, pagando sus materias suspendidas como en la universidad, la escuela de la tierra; así es la vida y la muerte en la universidad; es el escalar más alto. Por eso yo les pido, les ruego, les exhorto a que juntamente unan sus pensamientos y oraciones y manejen la fuerza para hacer cambios.

El planeta entró en otra frecuencia y va a entrar en otra más y los polos se inclinarán y los sexos se invertirán y donde era corazón habrá sexo y donde era celebro será corazón. Todo es inversión, donde había agua habrá arena, donde había montañas habrá llanos, todo es cambio y el cambio se hará.

Querida hermana lleva este mensaje, que juntos harán más y después las conexiones vendrán y te encontrarás con otros pueblos y te maravillarás cuando veas cuantos son, cuantas mujeres chispeando de la madre naturaleza se unen y forman la red de protección y logran la superación.

Mis queridos hermanos, la Fuente de LUZ se separa de esta materia, se eleva, les da la bienvenida, Fuerza Amor paz con ustedes.

En este mensaje está describiendo realmente todo lo que en este momento está pasando en el planeta tierra. Hace 18 años de este mensaje y parece que describen la realidad actual. Está extraído de mi primer libro, "EXPERIENCIAS CON CHAMANES Y SERES DE OTRA DIMENSION" **(libro agotado).** Este libro tuvo mucho éxito porque entre otras cosas tenía mensajes de los Maestros anunciando lo que se nos venía encima si no cambiábamos de actitud. Desgraciadamente el comportamiento de los humanos no ha cambiado y las consecuencias ya vemos cuales son. Pero aun en circunstancias negativas no hay que olvidarse que también nos dicen que nosotros somos arquitectos de nuestro destino y si cambiamos nuestros comportamientos y pensamientos devastadores haremos una transición mucho más armoniosa. De nosotros depende como se haga el cambio. Hoy más que nunca se necesita gente despierta para ayudar a ese cambio armonioso.

11- ENSEÑANZA

APRENDER A DISCERNIR

"La palabra "discernir" viene de la raíz hebrea "bín" que significa "separar mentalmente" o "distinguir" y sus derivaciones son: Observar, entender, prestar atención, atento, comprender, buscar, considerar." Si esto lo llevamos al mundo práctico, discernir es saber distinguir lo real de lo irreal, la verdad de la mentira.

En momentos de lucidez espiritual tenemos el deseo de hacer algo por nuestros semejantes y cada vez que hay una convocatoria planetaria para enviar energía de amor y sanación al planeta ahí estamos. A todos nos gustaría hacer algo más de lo que hacemos en la vida diaria pero la mayoría de las veces se queda solo en eso, "buenos deseos". Pocas personas son capaces de convertir los deseos en realidad. Eso es lo que tenemos que hacer los trabajadores de la luz. Por eso se nos distinguirá, *"Por las buenas obras los reconoceréis"*. Decir que estás en el mundo espiritual es fácil, demostrarlo diariamente con tu comportamiento es lo difícil.

En general los humanos somos seres cómodos y vagos. Todo lo que suponga un esfuerzo nos resulta difícil y el mundo espiritual es personal e intransferible. Nadie puede hacer ese trabajo por ti. Puedes hacer miles de cursos pero si no trabajas por ser mejor día a día no te servirá de nada, perderás tiempo y dinero. No se necesita estar en una iglesia determinada ni ser de una religión especial para ser más espiritual, evolucionado o mejor. Todo se consigue primero queriéndolo y eligiéndolo y segundo trabajando para lograrlo. Lo complicado viene cuando una vez metido en ello te das cuenta que hay que hacer muchos sacrificios, dejar muchas cosas y gentes que amas en el camino y los seres humanos somos animales de costumbres. Nos enganchamos a lo conocido ya sea una amiga, hijos, amante, mujer o cualquier cosa en la que hayas compartido muchos momentos y no somos capaces de desprendernos de ello con facilidad. A cada ser que pasa por tu vida le das mucha energía. Los chamanes dicen que les damos nuestro poder y así es.

Ser adicto a una iglesia o estar en un grupo espiritual se necesita cuando no se ha adquirido la individualidad pero conforme se va creciendo y abriendo consciencia se va trabajando más consigo mismo y a solas, sin la ayuda de nadie, porque la meta es ser tu propio maestro. Al principio te dejas deslumbrar por unas personas que dicen ser maestros espirituales. Seguramente son muy conocidos y sus cursos te cuestan los dos ojos de la cara. En ese tiempo aun no distingues que la espiritualidad no tiene que ver con los conocimientos. Puedes ser un erudito en estos temas pero eso no es garantía de ser un buen ser humano y espiritualmente evolucionado. Hitler sabía mucho del mundo exotérico pero empleaba sus conocimientos para hacerse con la voluntad de los seres humanos que confiaban en él. Ni siquiera haciendo todos los cursos del mundo con los mejores maestros es garantiza de éxito. La mayoría de las veces te sientes decepcionado porque no te das cuenta que aunque vallan de maestros son seres humanos sujetos a nuestras mismas limitaciones.

Cuanto más buscas fuera más te alejas de tu Ser. Puede que sigas así una o varias vidas, teniendo muchos maestros espirituales humanos y teniendo infinidad de conocimientos, pero hasta que no te pares y te des cuenta que todo lo que buscas fuera lo tienes dentro vas dando tumbos de un maestro a otro dejando en cada uno de ellos tus ilusiones y pasando de decepción en decepción. En ningún momento se te ocurre pensar que el responsable de la decepción eres tú. Es más fácil creer que el ser humano en el que habías puesto tu energía te ha decepcionado. Pero, ¿alguna vez te has parado a pensar que tenías que pasar por todo ello para no seguir buscando fuera de ti y tener la oportunidad de mirar dentro, donde habita tu verdadero maestro?

En este momento pasean por Internet muchos mensajes firmados por Grandes Maestros Espirituales. Algunos de ellos te quitan demasiado tiempo y por lo general no dicen nada. Solo son palabrerías pero se etiquetan con nombres de Arcángeles o de Maestros Ascendidos y muchas veces la gente cuando los recibe los acepta sin más. No lo pasan por el tapiz del discernimiento y eso es un error. Puede que la firma del mensaje sea del ser más superior que te puedas imaginar pero si el mensaje que estás leyendo no te ayuda a entrar en una energía superior o por lo menos te hace pensar, no te sirve. Creo que ya es el momento de separar el grano de la paja y dejar en tu vida lo que realmente es importante y desechar todo lo que no sirve. ¿Te has preguntado la cantidad de horas que pierdes en leer esos mensajes? Cuando se acaban de leer te debes preguntar: ¿me ha servido realmente para algo, me ha aportado algo a mi mundo espiritual? La mayoría de las veces la respuesta es NO.

Discernir esos mensajes es importante pero no es lo único. Aprender a discernir es ser capaz de reconocer si un ser que se dice maestro lo es o no, el ver si a una persona se le ha acabado el tiempo de compartir contigo, acabar una relación que desde hace años no te aporta nada positivo y si mucha desarmonía, cambiar de trabajo porque sientes que ya es el momento de hacer ese cambio, el buscar la ciudad o país que se adapte a tus vibraciones, etc. Todo esto es discernir, saber en cada momento lo que es correcto de lo que no lo es. Quizás esta es una de las pruebas más duras por las que pasamos todos los seres de luz porque cuando las emociones están involucradas nos dejan inutilizados para poder escoger lo correcto. Cuando tenemos ante nosotros un problema donde las emociones las tienes comprometidas es muy difícil ser imparcial. Tus sentimientos te impiden ver con claridad y por eso en esas ocasiones debes de aprender a ver tu "problema" desde fuera, como si no fuera tuyo, como si le correspondiera a otra persona no a ti. Solo así serás capaz de ver la realidad y no lo que tú quieres ver.

Si esto lo llevas al mundo espiritual aun es más difícil porque imagina que lees un mensaje que dice estar escrito por el Maestro Jesús o por cualquier Arcángel que tengas especial veneración. ¿Crees que serías capaz de dudar de ese mensaje? ó ¿te lo tragarías todo sin pensar si realmente está dictado por Él? Somos tan infantiles que quizás creas que si dudas de él los Maestros se pueden molestar. Déjame decirte que los Maestros no quieren zombis ni gente dormida que no piensen por sí mismos. Quieren trabajadores de la luz despiertos, libres, capaces de ser co-creadores con Dios sabiendo utilizar sus poderes personales y capaces de decir ¡No!, si algo no lo ven claro. Lo que nunca hay que olvidar es que Jesús vino a este planeta y padeció tanto precisamente para devolvernos de nuevo nuestro poder. Cuando hablo de poder, hablo de individualidad, de no seguir como animales al jefe de la manada ni a líderes políticos o religiosos que a tu costa se están llenando de oro el bolsillo y vaciando el tuyo.

Para volver de nuevo a la fuente (Papa Dios) hay que conseguir ser individuales. Esa es nuestra lucha diaria en este planeta porque todo lo que nos rodea está creado para precisamente conseguir lo contrario. No les interesa que como seres individuales tengamos nuestros propios pensamientos y de esta manera podernos manipular y dominar. Por ejemplo, los políticos te mienten y te dan vanas esperanzas de conseguir un mundo mejor y en cuanto están ubicados en su trono de poder se olvidan de las promesas y se dejan llevar por los pactos políticos nacionales e internacionales. Para ellos es más importante los pacto que las promesas a los ciudadanos, pero aun así muchos ciudadanos no ven el engaño y prefieren seguir enganchados a un partido político que engaña y defrauda. ¿Por qué? Porque no son individuales, no han conseguido su poder personal y no piensan por sí mismos. Si lo hicieran no seguirían votando por el partido político que los ha defraudado. Para aprender a discernir tienes que dejar fuera de ti la pena y otras emociones que una vez más nos manipulan.

Como veis, el aprender a discernir no se limita solo a nuestro mundo espiritual. Esa lección es muy importante y va a repercutir en todo nuestro mundo. Cuando empiezas ese camino y pasa el tiempo, te das cuenta de lo importante que es y lo bueno que hubiese sido aprenderlo antes porque habrías eliminado muchos problemas de tu vida.

¿QUE ESTÁ PASANDO CON LOS SERES DE LUZ?
(Mensaje Maestro Enoch)

Queremos que sepáis que los tiempos han llegado, que no es el momento de estar enganchados en las limitaciones humanas. Es el momento de crecer, el momento de sacar todas las fuerzas y todo lo que sois. Y todos vosotros ya estáis preparados para ello.

Sé que muchos estáis pasando por momentos bajos, pero eso son pruebas físicas que no tienen nada que ver con vuestro mundo espiritual. Tenéis que ser lo que sois, trabajadores de la luz. Algunos sentís que estáis en guerra, en guerra entre la luz y la oscuridad. ¿Y sabéis lo peor? que a veces los mismo trabajadores de la luz oscurecen su luz y se van a las otras filas. Muchos trabajadores de la luz sufren viendo como seres que aman se alejan y se van a la oscuridad, seres que consideraban maestros espirituales y que no manejan bien el poder, la fama o la riqueza.

En este momento se os van a poner muchas pruebas. Entre más evolucionados seáis más duras serán y más difíciles. Pero vosotros podéis manejarlas perfectamente, no os rindáis. NUNCA, JAMÁS en la historia de la humanidad ha habido tantos seres de luz ayudando a la raza humana. En este momento tenéis muchas ayudas. Se os están abriendo vuestros centros para que no os engañen para que no os dejéis llevar a la oscuridad. Tenéis seres de luz a vuestro alrededor constantemente protegiéndolos. Tenéis todo, todo a vuestro alcance para que podáis superar estos duros momentos, pero vosotros tenéis que dar el primer paso porque eso nadie lo puede hacer, solamente vosotros lo podéis hacer.

La decisión es vuestra, cada uno de vosotros sois un eslabón de esa cadena maravillosa que es la humanidad. También se puede decir que sois como una especie de maya, de red donde cada hilo es un trabajador de la luz. Por todo el planeta tierra hay muchos hilos, muchas mayas, muchos trabajadores de la luz haciendo esa red energética. Sentíos que ya formáis parte de esa red y poneos a trabajar, no penséis que es otra persona la que tiene que llevar el mensaje y que ustedes no tienen nada que ver. Saber y sentid que cada uno de los que nos leen sois importantes y tenéis que poneros manos a la obra. Seguid transmitiendo, dejaos llevar, no trabajéis con vuestra mente sino trabajad con vuestro corazón y veréis como todo se os va a dar, TODO.

Todo está ahí a vuestro alcance, pero los momentos no van a ser buenos. Van a ver momentos de crisis. Cuidaos, cuidaos porque en muchas partes se va a entrar en crisis. Van a empezar a estar en el tiempo de las vacas flacas. Cuidaos, sembrad, adquirir alimentos, comida, no os dejéis llevar por lo que dice la sociedad, ni políticos sino por lo que indique vuestro corazón. Ese nunca os va a fallar porque se conecta directamente con vuestro Yo Superior. Sabed que no estáis solos, que hay miles en todo el planeta Tierra. Millones de Seres de Luz os están ayudando y en cualquier momento que nos necesitéis solo tenéis que llamarnos porque ahí vamos a estar.

Que la bendición del Padre este con todos vosotros en cada momento de vuestra existencia.

12-ENSEÑANZA

ACTUANDO COMO HUMANOS SIENDO DIVINOS

Cuando se entra al mundo espiritual es como si se entrara en otra dimisión. Muchas cosas en tu vida cambian. Quizás lo más constante son los cambios que hay y eso no gusta. El ser humano es un ser de costumbres y en cuanto vienen grandes cambios parece que el suelo se hunde bajo tus pies. Ante esto lo mejor que se puede hacer es dejarse llevar, no poner resistencia, sacar la fe y pensar que cualquier cambio es para mejor. Cuanta más resistencia pones más dolor. Esa es la clave, dejarse ir. Esto no quiere decir que no trabajes para mejorar cualquier situación que la vida ponga en tu camino, pero si un cambio se tiene que dar, no opongas resistencia. Los cambios serán más fáciles y rápidos.

Equilibrar en la vida diaria el mundo espiritual y humano no es fácil. La energía del planeta es muy densa y cuando se llega aquí, se pierde la memoria de lo que somos y a que hemos venido, pero cuando empiezas a preguntarte; ¿Quién soy, cuál es mi misión, a que he venido?, es cuando ya estás preparado para empezar a crecer porque es cuando se van cayendo los velos de la amnesia. En ese momento se empieza a recorrer un camino muy duro donde pasarás por etapas más humanas que divinas o al contrario. En todo momento debes buscar el equilibrio de estos dos polos, *"El humano y el Divino*", esa es la parte más dura, el equilibrar las dos energías.

Si te dejas llevar por la parte divina cometes un error porque no te olvides que tú quisiste venir a sentir todos los sentimientos de los humanos aunque sean negativos como el odio, la envidia o los celos. Lo malo no es sentirlos, lo malo es quedarte enganchados en ellos y enquistártelos. Hay gente que se engaña a ellos mismos y se niegan a ver que dentro de su corazón aun existe la rabia, hacia alguien que le ha hecho daño. Al no reconocerlo no podrán eliminarlo. Esto es como el caso de los alcohólicos, que el primer pasó para salir de la dependencia es reconocerse que son alcohólicos. Con las emociones negativas ocurre lo mismo primero reconocerlas, luego aceptarlas y finalmente trabajar con ellas.

Una de las pruebas por las que tenemos que pasar es superar los egos espirituales y mucha gente que ha superado muchas pruebas no puede con esta. Muchos se quedan en el camino. Los egos espirituales son los más engañosos porque con el tiempo te crees todas tus mentiras o tus fantasías y eres incapaz de saber dónde empieza la verdad y donde acaba la mentira. Se confunde el saber mucho, haber estudiado y hecho cursos con un ser espiritual. Ese es un gran error que se comete diariamente. El ser más espiritual de este mundo puede ser analfabeto, pero puede tener una vibración muy alta por servicios y trabajos hechos en esta u otras vidas. Sin embargo nos dejamos llevar por alguien que nos deslumbra con su palabrería. ¡Cuidado!, que en el mundo espiritual hay muchas mentiras, muchos lobos con piel de cordero dispuestos a aprovecharse del primer crédulo que pasa por su camino.

Muchas personas que entran al camino espiritual se sienten deslumbradas y poco a poco van perdiendo la noción de la realidad. Yo le llamo a esto "sentirse colgadas" y realmente lo están porque se olvidan de lo más importante. A lo que han venido aquí es a vivir y sentir todas las experiencias que le ofrece la vida y a aprender a manejar las distintas experiencias por las que pasa el ser humano. A algunos no les gusta su vida diaria y se crean otra realidad paralela. Una realidad en la que meten en el mismo saco a extraterrestres, Ángeles, Maestros Espirituales y una serie de personajes que les ayuda a crearse una aureola de "gente especial". Poco a poco se van poniendo la máscara de hombre o mujer espiritual y van por la vida con esa etiqueta. La llevan tan bien puesta que en cuanto intentas quitársela no te lo perdonan y se vuelven contra quien osa tamaña ofensa. Confunde las circunstancias exteriores con el trabajo personal interior diario y así pueden ir toda su vida estando confundidos y lo peor, sin capacidad de cambio porque ellos mismos al final se creen todas sus mentiras. No sería tan malo si se creen espirituales y actúan en su vida diaria como tal. Al fin y al cabo todos formamos parte de esta tragicomedia que es la vida, y el personaje que escojamos es nuestra elección. Pero estas personas normalmente lo que hacen es actuar exteriormente como gente espiritual pero en el momento que le tocas sus egos se revuelven y se olvidan de lo que han estado presumiendo minutos antes y pueden llegar a ser los seres más crueles del mundo y además utilizan para su propio beneficio los cocimientos que tienen de metafísica.

Esto lo he notado mucho en reuniones espirituales como congresos donde hay mucha gente. Normalmente van en grupo y unos a otros se apoyan, pero también van gentes solas que buscan unirse a otras. Sin embargo, lo que se escuchaba minutos antes de unificación y de que todos somos uno, a la hora de la verdad no se demuestra y en ningún momento se acercan a la persona que está sola para facilitarles el proceso de integración al grupo ni le dan la bienvenida. Si esa persona se atreve a ser ella quien se acerque, en general la hacen sentir fuera de lugar. Hemos dejado de pertenecer a una iglesia para crear otra y no es ese el camino a seguir. Si todos sabemos la teórica ¿por qué no lo ponemos en práctica? Cuando vamos a un lugar donde, teóricamente, todos somos trabajadores de luz, tendríamos que comportarnos como UNO, ayudarnos mutuamente y hacer que nadie se sienta extraño. Mientras no seamos capaces de dejar nuestras personalidades aparte y comportarnos como lo que somos, UNO de una misma familia de luz, no podremos crear un mundo mejor. Todo se quedará en la teoría y ya es el momento de poner en práctica lo aprendido.

En este momento hay muchas personas que saben mucho sobre metafísica, temas espirituales y extraterrestres que creen que con eso ya tienen la verdad absoluta. Creen que lo saben todo sin darse cuenta que el universo está en movimiento constantemente y nada es inmóvil, por lo tanto lo que creen ser su verdad en este momento quizás no lo es dentro de un año. Nadie debería sentirse superior ni que lo sabe todo porque no es así. Todos tenemos un trozo de la tarta de la verdad pero nadie tiene la tarta entera. Si esto se tuviera presente constantemente no iríamos con esos egos que vamos a veces creyendo que solo nosotros tenemos la verdad- Creo que en alguna ocasión unos y otros lo hemos hecho.

Esta manipulación de las verdades a medias la tenemos en este ejemplo: ¿quién no conoce a una mujer que no ama a su marido y le gustaría separarse pero por cobardía o por intereses materiales no lo hace? Entonces su excusa puede ser que lo que tiene con su marido es un karma y no se puede separar. ¿Verdad que conocéis a alguien así? Eso es una manipulación de unas verdades a medias. Puede ser que tenga un karma con su marido pero todos los karmas se acaban y este en concreto también. Solo tienen que trabajar con ello. ¿Cómo? Con mucho amor. Trabaja para separarte sin rabia u odio. Cuando eres capaz de separarte en armonía, el eliminar el karma es más fácil. *"Todos los karmas se pueden eliminar en esta vida, solo se necesita quererlo hacer y mucho amor".*

Voy a daros un ejercicio que da muy buenos resultados para cortar lazos emocionales, eliminar karma y recuperar la energía que has entregado a algún ser: Todos los días dedica unos minutos (no hace falta muchos) a meditar siéntate en el suelo y visualiza (imagina) un gran ocho donde quepas tu y en la otra parte del ocho la otra persona con la que quieres eliminar el karma. Visualiza que estás rodeada de luz azul, mira a la otra persona y visualiza que estás unido por una especie de cordón umbilical por el plexo solar (ombligo). Durante 21 días míralo unos minutos y mándale mucho amor (aunque no puedas inténtalo). El día 21 visualiza que tienes en la mano algo cortante (cuchillo, hacha, tijeras, etc.), cortas el cordón y visualizas que se va alejando como si fuera un globo. Al mismo tiempo que se aleja le dices, *"Te amo, te dejo libre y te devuelvo tu karma"*. A veces es tan grande el karma que no basta con una vez y se tiene que volver hacer de nuevo los 21 días. Esto no es desear el mal a nadie ni hacer brujería, al contrario es recuperar tu poder personal de nuevo sin hacer daño.

Se puede tardar un año en acabar con ese karma pero se acaba. Una vez más nadie puede hacer este trabajo por ti. Lo tienes que hacer personalmente. No es válido pagar a alguien para que te lo quite o para que rece por ti, ni nada que no sea tu esfuerzo y trabajo personal.

Pero la pregunta viene ahora, ¿qué va a hacer esa persona que se escudaba en esta excusa para no hacer lo que tenía que hacer? Le hemos quitado de un plumazo lo que a lo largo de mucho tiempo era su vida y su excusa de vivir. Ya no puede decir..."soy una víctima, no amo a mi marido y no me puedo separar que desgraciada soy, por favor tenerme pena". Ahora se acabó todo esto y se tiene que enfrentar a su realidad. No la que ha creado a lo largo de muchos años sino la real que es que ha sido una cobarde porque no se quiere enfrentar al mundo sola porque durante años ha estado acompañada y ahora prefiere estar con alguien aunque sea una desgraciada. Si a pesar de todo esto consigue superar sus miedos y se separa, se sentirá al principio desnuda (como si le hubiesen quitado la ropa) pero si quiere crecer de verdad poco a poco se enfrentará a su mundo quitándose mascaras y siendo más trasparente.

Si alguien se pone la máscara de "ser espiritual" tiene que ser coherente y no ir con esa máscara y luego en su vida privada ser un aprovechado hipócrita y sin amor a sus semejantes. Gracias a Dios en este momento se están descubriendo muchos falsos profetas o lo que es lo mismo mucha gente que va de espirituales y que lo único que quieren es aprovecharse de la gente inocente y buena que hay. Tienes todo el derecho del mundo a escoger el papel que quieres representar en esta vida pero hazlo con honestidad, trasparencia y amor. Si no es así no escojas este mundo porque ya ha llegado el momento de descubrir a los lobos con piel de cordero.

Un ser espiritual auténtico tiene que ser trasparente como un diamante. De hecho se compara el mundo espiritual con el proceso que tiene que pasar el diamante. Pasa de ser un carbón hasta convertirse en un hermoso cristal brillante y muy valioso. El ser humano también pasa por ese proceso pero no lo podrá superar *si no se quita las máscaras y actúa con autenticidad.* Si en cada experiencia que la vida nos brinda actuamos solo como simples humanos no seremos capaces de descorrer los velos de la amnesia, no podremos conectar con nuestro Yo Superior y todas nuestras actuaciones estarán marcadas por nuestra parte animal. A la hora de escoger lo correcto debemos escuchar nuestro corazón y pararnos a pensar si es eso lo que realmente deseamos porque ya es el momento de la *unión entre mente y corazón.* Cualquier ser humano tiene derecho a escoger el momento oportuno de despertar espiritualmente pero lo que no se puede es decir que eres espiritual y no comportarte como tal. A la larga él mismo se descubre.

Si solo nos comportamos como simples humanos estamos dejando una parte muy importante de nosotros en el camino y en estos momentos tan difíciles para la raza humana el apoyarnos en nuestra parte divina es muy importante y trascendental. La oportunidad que se le ha dado a la raza humana de transcender todos los errores cometidos en todas nuestras vidas en esta es única y debemos aprovecharla. Tenemos todo a nuestro favor para poderlo hacer. Jamás en la historia de la humanidad ha pasada nada parecido. Tenemos mucha gente que ha despertado y está facilitando el camino a los que están dispuestos al gran cambio. También están en este plano Maestros espirituales que se hacen pasar por simples humanos pero no lo son. Tenemos infinidad de ayudas y solo se nos pide que digamos ¡*PADRE SI QUIERO*! e inmediatamente se pondrá el universo a conspirar para que todo se dé.

No podemos perdernos esta gran cena espiritual. Todos nosotros somos los invitados y no está bien hacer esperar a nuestros anfitriones (Dios, Maestros Espirituales, Seres de Luz).

TIEMPO DE ELEGIR
(Mensaje Maestro Enoch)

Queridos míos:

El camino ha sido muy largo hasta llegar aquí pero ha valido la pena. Lleváis muchos de vosotros muchas cargas EMOCIONALES, que tenéis que aligerar. El ascender como seres de luz implica dejar muchas cosas en el camino. Unos están dispuestos a dejarlas y otros no tanto. Pero queremos deciros que para algunos, la carga es tan pesada que no podéis seguir.

Queremos que seáis conscientes de ello, queremos que os deis cuenta que estáis pasando por un momento precioso, maravilloso donde tenéis que decidir que es más importante, si vuestra parte humana o vuestra parte divina y elegir. Ya es el momento de elegir. No debéis quedaros enganchados en los problemas humanos. Esas son circunstancias que les han puesto para que aprendáis. Debéis comenzar a caminar por el camino impersonal, donde debéis ver las cosas como un aprendizaje, ni la pena, o dolor son una desgracia, sino una oportunidad de crecer.

Si todos vosotros vierais las circunstancias por las que pasáis como un aprendizaje, como una oportunidad de crecimiento, aprenderíais mucho más aprisa. Pero os quedáis en la parte emocional. Esa parte que os debilita y os aleja de la luz. Tenéis que fortalecer vuestro vehículo emocional así como vuestro vehículo mental. Cuando hacéis meditaciones os dais cuenta que la mente os domina y que durante todo el día, han pasado por la mente pensamientos de desarmonía.

Si sois conscientes de ello, poco a poco iréis aprendiendo a desterrar esos pensamientos. Ese es el primer paso. Poco a poco ese paso se convertirá en una carrera y llegaréis a aprender a pasar etapas, unas y otras con rapidez.

Hoy los Maestros estamos felices y contentos, muy contentos porque nos damos cuenta que las profecías se van cumpliendo y que la masa Crística cada vez es mayor. Eso hará que os ayudéis, eso hará que entre todos hagáis el gran cambio. Ese cambio que está previsto y que todos deseamos.

Todos vuestros Maestros, todos los Seres de luz, todos los Maestros Ascendidos que estamos alrededor del planeta tierra ayudándoos, también os hemos dado luz, sanación, y sabiduría y todo lo que nos habéis pedido. Depende también del karma personal de cada uno y de lo abiertos que estéis para recibirlos. Porque a veces pedís pero no estáis dispuestos a recibir.

Seguir vuestro crecimiento, seguir pidiendo ayuda, seguir trabajando para que cada día seáis mejores porque la meta está cerca y vale la pena pasar por todo lo que estáis pasando. Saber que no estáis solos, que siempre lo repetimos para que se os quede en la memoria. Para que no os sintáis nunca abandonados porque no lo estáis. Hay muchos seres que están compartiendo cada segundo de vuestra vida y están en los buenos y malos momentos haciendo la simbiosis perfecta.

Queremos dejaros la bendición y el manto de protección de la madre María. Que os proteja siempre. El rayo del infinito esté aquí en este momento y siempre. Que el rayo de la fuerza, del amor, de la sabiduría, de la transmutación esté siempre a vuestro alrededor, en vuestra vida.

Luz y amor, ahora y siempre.

13- *ENSEÑANZA*

CAMINO IMPERSONAL Y EL PODER DE LA MENTE

Entrar en el camino impersonal no es fácil y aunque al principio parece imposible y nos cuesta mucho se puede hacer. Recordar que lo que un hombre hace lo puede repetir otro. Ese es un legado que nos trasmitió el Maestro Jesús quien quiso ser humano precisamente para abrirnos el camino y facilitarnos el proceso. Él nos dio la posibilidad de dar un salto cuantitativo.

Los primeros siete años de nuestra vida son los más importantes porque la mente va absorbiendo información y llenando el circuito mental de todo lo que vemos y sentimos. Según haya sido la experiencia vivida, las emociones serán buenas o malas. Al tener los centros energéticos (chakras) abiertos se recoge toda la información de nuestro entorno seamos conscientes o no de ello. Esto hace que la persona que haya vivido experiencias muy desagradables lleve una carga muy pesada y en el momento de entrar al camino espiritual le cueste mucho porque tendrá más rencor o simplemente dolor cada vez que recuerde los momentos malos vividos.

Por eso cuando se ha elegido no quedarse enganchado en el dolor y se quiere crecer y ser cada día mejor hay que aligerar la carga. La mejor forma es sabiendo que todo lo que nos pasa en nuestra vida no ha sido gratuito. Todo ha tenido una razón de ser y darnos cuenta que nosotros somos la suma de todos nuestros pesares, sufrimientos, desgracias, experiencias... Si nos quedamos con todos esos pesares no dejamos espacio para las cosas buenas que el Universo nos tiene preparadas. Mientras la gente siga con los odios y rencores no será capaz de sentir el autentico amor y se perderá lo más maravilloso de este mundo, *amar y ser amado*.

Sentirse desgraciado es una cuestión mental. Sí, ya sé que me vas a decir que tener un hijo enfermo eso no es mental pero aun en circunstancias muy malas siempre tenemos la opción de elegir como sentirnos. Voy a poner un ejemplo: Un día vino a visitarme una chica conocida mía pidiéndome por favor que visitara a su amiga en el hospital porque su hijo de no más de 2 años se estaba muriendo. Era unas horas antes de Noche Buena. Antes de aceptar visitarla le roge me diera unos momentos para meditar, pedí a mis Maestros Espirituales que me dijeran si yo podía hacer algo para salvar a ese bebe. La respuesta fue muy clara, él era un ángel que había aceptado venir a este mundo y a esta familia para darles una oportunidad de crecer espiritualmente más aprisa y con su muerte la tenían. Yo no podía impedir su sacrificio, pero también me dijeron que el me estaba esperando para darles un mensaje a sus padres. Con el alma encogida y pidiendo fuerzas para poder hacer mi misión me dirigí al hospital.

Aunque no se crea en Ángeles o en la sanación por Energía Universal cuando se está muriendo un hijo no te acuerdas si crees o no en esto. Eso es lo que le pasó a la madre del bebe. Cuando me vio se echó a mis brazos pidiendo ayuda. Le dije que me diera unos minutos que quería hablar con su hijo a nivel espiritual. El estaba en cuidados intensivos y solo lo podíamos ver desde una ventana de cristal pero estaba justo debajo de esa ventana con lo cual era como si estuviéramos en esa habitación. Me acerque a él y le dije que estaba a su disposición para lo que le pudiera ayudar. Me dijo que le resultaba muy doloroso estar en esta dimensión pero por amor a sus padres seguía en ella pero que en unas horas se iba. Me pidió que le diera las gracias a sus padres por todo el amor que le habían dado pero que su sacrificio había llegado a su fin. Las lágrimas me caían por las mejillas, sentí el dolor de esa madre esperando que yo hiciera un milagro. Sin embargo era yo quien le tenía que decir que esa noche, que para muchos es una noche de amor y alegría (era Noche buena), su hijo se iba a otra dimensión. Ahí supe porque Dios me había dado la fuerza que tengo, entre otras cosas, para enfrentarme a situaciones como la que estaba viviendo.

Me dirigí a la madre y le conté lo que me había dicho su hijo. La respuesta fue atrozmente inesperada. Empezó a insultarme y cuando acabo conmigo siguió con Dios. De su boca salían palabras ofensivas para muchos oídos. Lo más suave que decía era que no existía Dios que todo era mentira y otra serie de cosas horribles. Su marido me miraba con agradecimiento y llorando pero sin saber qué hacer ante una reacción como aquella. Le decía lo que mi corazón sentía lo mucho que su hijo la amaba y la suerte que habían tenido de tener un ángel como él pero no servía de nada. Cada vez que le decía algo su rabia se enfocaba contra mí. Entendí el dolor que estaba pasando pero me dio mucha pena lo que vi. Cuando me despedí de ellos su marido me dio un abrazo muy sentido dándome las gracias por todo. Les aconsejé que no se quedaran enganchados en el dolor pero sé que ella no me hizo caso.

Este es uno de los casos más dolorosos que he tenido la oportunidad de presenciar y me enseño mucho. Ella podía haber elegido dar las gracias a Dios por mandarle un ángel como él y generar la energía del agradecimiento. Si lo hubiera hecho su matrimonio no se hubiese roto por culpa de su rencor y amargura. Su hijo me dijo que si aprendían la lección había un nuevo bebe sano esperando ser engendrado. Sin embargo se quedo enganchada en el dolor, la rabia y la ira. Se convirtió en víctima y eso la alejó de las cosas buenas que el Universo tenia para ella.

Aun en los momentos más malos podemos elegir. Cuando somos capaces de manejar nuestros sentimientos es cuándo estamos entrando al camino impersonal. Es un camino duro y difícil porque tenemos que dejar fuera los *egos*, ***orgullo***, y todo lo que nos impide ser uno con el Creador. Para ser capaz de cambiar nuestras emociones tenemos que dominar nuestra mente. Ahí radica el secreto de la felicidad, si dominas la mente dominas el Universo. La llave para ello es: *Pensar es crear.*

Lo que piensas en tu corazón es lo que para ti se realiza (para crear, el pensamiento tiene que estar unido con el corazón o sea con el sentimiento). Un pensador es un creador. Todo es atraído hacia ti por las imágenes que tienes en tu mente. Cualquier cosa que esté sucediendo en tu mente las estás atrayendo a tu realidad, ya sea positiva o negativa. Si quieres tener una vida feliz y exitosa, aférrate a los pensamientos de aquello que deseas. A la vez deja de lado los miedos y pensamientos de desdicha y temor. ¡Solo tú puedes cambiar tu vida nadie lo puede hacer por ti!

Atraes hacia ti todo aquello que temes.
Atraes hacia ti todo aquello que agradeces, todo aquello en lo que enfocas tu atención.
Atraes hacia ti todo aquello de lo que te quejas.

Un pensador vive siempre en el mundo de su propia *creación consciente.* Si esto es cierto y parece que hasta los científicos se están poniendo de acuerdo en ello, está claro que podemos elegir como sentirnos sin ser unas víctimas de la vida o ser luchadores y triunfadores en todo lo que nos propongamos. Esa es nuestra elección de ahí viene el libre albedrío.
En una etapa superior de nuestro aprendizaje espiritual tenemos que ser impersonales en todo y eso incluye no tener deseos de nada. Por eso mientras deseemos tener marido, hijos, casa, coche,

viajes, o cualquier otra cosa no podremos subir a ese nivel superior. Tarde o temprano todos pasaremos por ese nivel. Mientras tanto empecemos por dominar nuestra mente para que los acontecimientos de la vida diaria no nos aleje del autentico ***camino espiritual.***

Esto no es una moda del momento. A lo largo de la historia hombres muy "*especiales*" han hablado sobre esto:

"Todo lo que somos es el resultado de nuestros pensamiento"
Buda

"La imaginación lo es todo, es una visión anticipada de las atracciones de vida que vendrán".
Einstein

"Cualquier cosa que la mente del hombre pueda concebir también lo puede alcanzar."
W. Clement Stone

"Tu creas tu propio universo durante el camino"
Winston Churchill

Es maravilloso que al final del camino te des cuenta que todo lo que te ha pasado en la vida ha sido una elección nuestra, tanto lo bueno como lo malo. Si esto lo hubiéramos interiorizado antes, la vida nos hubiera resultado más fácil pero lo importante es que antes de acabar nuestra misión en este plano aprendamos esto: *todo es resultado de nuestros pensamientos unido a nuestros sentimientos.* Empecemos a ser conscientes del poder de nuestros pensamientos y cómo influyen en nuestra vida. Crear nuestra propia vida es solo cuestión de creérselo y ponernos manos a la obra. Esa es nuestra elección. *Somos co-creadores con Dios.*

Creemos que vamos a durar siempre. Conforme va pasando el tiempo te das cuenta que la gente que amas se va muriendo (cambian de dimensión) y te preguntas, ¿qué sentido tiene tantas preocupaciones? Preocuparte si el marido te va a dejar, o si alguna vez te vas a quedar sin dinero, escatimar en gastar pensando en un futuro que a lo mejor no llega nunca, no tiene sentido. Es una pérdida de energía y tiempo. El secreto para ser feliz está en vivir el presente pensando que puede ser el último día de tu vida. ¿Realmente crees que si supieras que estás viviendo el último día de tu vida te molestarían las cosas que ahora te molestan? Te aseguro que verías las cosas bajo otro punto de vista y le darías importancia a las cosas que realmente la tienen pues entrar al camino impersonal es precisamente eso, *no darle importancia a las cosas que no la tienen.* Controlar nuestra mente es el primer paso.

CAMINO IMPERSONAL
(Mensaje Maestro Enoch)

Cuando actuáis de forma impersonal es cuando se ha escogido el camino correcto.

Los otros caminos son el camino del ego, de las necesidades personales, de vuestros deseos, pero no es el verdadero camino.

El camino impersonal es un camino duro porque antes de entrar en él tenéis que morir como personalidades, como deseos y como necesidades. Pero una vez que emprendéis ese camino os lleva directamente a DIOS y ya no os desviáis por muchos obstáculos que encontréis.

El camino impersonal es un camino lleno de desprendimiento donde siempre debéis pensar en los demás antes que en vosotros, donde a pesar de las heridas recibidas en la batalla de la vida tenéis que estar alegres, donde vuestras necesidades ya no existen porque están cubiertas por vuestras misiones respectivas y eso en vuestra vida es lo más importante.

Hasta llegar a esa impecabilidad tenéis que dejar muchas cosas en el camino. Sentís que os estáis deshaciendo, que todo en lo que os habéis apoyado hasta ese momento ya no es válido, os sentís que os hundís en un pozo sin fin pero cuando ya estáis al límite de vuestras fuerzas y ya decidís no luchar más con vuestros egos, necesidades y demás, entonces, solo entonces es cuando descubrís con suma facilidad que durante todo este tiempo habíais estado al lado de un hermoso camino lleno de flores (el amor) de colores (la alegría) un camino recto y rápido del que nunca más se vuelve pero que os llena y os hace sentiros realmente UNO con DIOS. Os da sentido a la vida dándoos fuerzas para seguir adelante y haciendo que toda acción que emprendáis tenga sentido y no se desperdicie la energía que se ha puesto en ello, con lo que vuestra vida será más rica, armoniosa y amorosa y sobre todo más enriquecedora.

Yo os deseo que pronto todos encontréis este camino porque sin recorrerlo no os hallareis con DIOS
CON INFINITO AMOR

ULTIMO MENSAJE MAESTRO ENOCH

Saludos, bienvenidos:
Mis queridos hermanos. He querido estar aquí y compartir con vosotros esta información.
A partir de estos momentos va a haber muchos cambios a nivel genético en la raza humana. Muchos de vosotros vais a tener cambios a nivel mental, energético y físico. Todos vosotros tenéis un gen trasmitido por el que llamasteis Maestro Jesús. Ese gen es el gen Crístico. Hoy la luz del gen cristal va a entrar en vuestro cuerpo. Va a brillar con luz propia pero no creáis que se os esté regalando nada. Esto es un trabajo personal diario de los seres que habitan el planeta Tierra. Es un trabajo donde los que hayan trabajado para estar en la vibración

correspondiente brillarán con luz propia. Los que no hayan trabajado se quedarán ahí, en la vibración que les corresponde.

Dejarme que os diga algo: Los tiempos que todos los Maestros estaban avisando ya se están dando y cada uno de vosotros estáis sintiendo en vuestra carne, en vuestra mente, en vuestro Ser, en todos vuestros genes estos cambios. Vuestras emociones van de una punta a otra de la balanza. Hay días que estáis muy amorosos, estáis en armonía con vuestro Yo Superior pero hay otros que parece que está el mismo Diablo con vosotros. Esos cambios, esos altibajos los tenéis que controlar. No es posible que seáis a la vez ángeles y diablos. Tenéis que controlarlo y tenéis que llevarlo a partir de ahora a un equilibrio en todo lo que hagáis, en todo lo que digáis, en todos vuestros pensamientos, en todas vuestras acciones. Si tuviéramos que decir hacia dónde va la raza humana, la palabra que los definiría sería equilibrio. Hasta este momento no habéis tenido equilibrio.

No estaban equivocados los que decían que estabais en el 2012. Lo estáis y todas las profecías que hablaban del final de los tiempos, no se equivocaban. Los que se han equivocado son los que han interpretado esas profecías porque el final de los tiempos significaba ni más ni menos el final de una Era como la conocéis. No creáis que esto es de hoy para mañana, pero sutilmente, suavemente, vais a ver cómo se van dando los cambios políticos. Como las gentes que se aprovechan de otros van a ser descubiertas. Como el fraude se va a aclarar. Como los científicos cada día van a estar más cerca de la espiritualidad.

Todo esto se transmitirá por TV. En una de las profecías se decía que el Cristo iba a venir, se iba a transmitir por la TV e iba a llegar a todo el mundo. La profecía era esta. La interpretación es que cada uno de los seres que en el día de hoy esté en la vibración correspondiente llevará esa luz, ese gen de Cristo. Ese gen es el que dará a luz al Cristo y mucha gente que den luz al Cristo estarán en los medios de comunicación como también estarán en los partidos políticos, en presidentes del gobierno. Van a ver los cambios. Los cambios se van a dar, acordaros de este momento. Acordaros de lo que se les está diciendo porque esto tiene especial importancia en vuestro crecimiento personal. Las pruebas las van a tener y van a ser pruebas que a veces les harán dudar. No dudéis, nunca dudéis de que estemos aquí, de que no están solos, de que detrás de cada ser humano hay muchos seres espirituales ayudándolos, guiándolos y protegiéndolos en cualquier momento de vuestra vida.

Si esto lo asimilarais, si esto lo tomarais como vuestra verdad os quitaríais tanto dolor que esta raza humana pasaría del dolor a la raza del amor. Ya no es posible que sigáis evolucionando con tanto dolor, porque a alguno de vosotros ese dolor le está impidiendo crecer. No estáis utilizando el dolor para crecer, sino que el dolor os impide crecer. Por eso a partir de este momento vamos a intentar ayudaros aún más para que el dolor vaya desapareciendo de vuestra vida pero cuidado, vais a tener que poner de vuestra parte, dejar vuestros egos. No actuéis bajo los EGOS, no actuéis bajo el ORGULLO, no actuéis bajo el DOLOR porque esos son los tres grandes enemigos de la raza humana. Actuar con amor.

Vosotros sabéis que las casualidades no existen, por eso cuando veis algo que os hace pensar y unís lo que veis con la información que tenéis. Eso es como una llave que se os da para abrir el conocimiento para que podáis distinguir conceptos, ideas, información que necesitáis porque no es el momento de actuar solamente desde el Corazón, simplemente por Fe. Ese tiempo se acabó con la Era de Piscis. Ahora es el momento de la razón, pero de la razón unida al corazón. A lo largo de la historia de los seres humanos ha habido ciclos donde se actuaba desde la razón. Otro, el siguiente, donde se actuaba bajo la espiritualidad y así ha ido sucediéndose ciclo tras ciclo.

Queridos hermanos en este momento estáis yendo a la unión de mente y corazón. ¡Benditos seáis! Benditos seáis porque esto lo habéis conseguido gracias al esfuerzo personal vuestro. Gracias a que habéis podido despertar de ese ensueño donde por millones de años ha estado la raza humana. Qué hermoso es estar todos unidos. Eso es unidad y se le llama espiritualidad. La espiritualidad es querer crecer hasta estar en la unidad, en la unión, en la unidad con un todo. Con tus semejantes, con lo que te rodea, con tu Ser, con tus Maestros, con Dios, con todo el Cosmos. Hacia ahí es donde va la raza humana.

¡Nos sentimos tan contentos de compartir este momento con vosotros! Si vierais a nivel energético os quedaríais asombrados de todos los seres que en este momento están en la energía del planeta Tierra. Todos los que llamáis por nombres propios como Maestro Jesús, Krishna, Buda... y todos los Seres que han trabajado por la raza humana. Lo único que queremos los Maestros que estamos aquí es que os abráis, abráis vuestro corazón, abráis vuestros sentidos y escuchar.

Muchas veces cada uno de vosotros va a estar pensando o decidiendo cosas en contra de la sociedad establecida. En contra de los que ellos llaman "normal". Esa es la manera de distinguirse entre un trabajador de la luz despierto de otro que está dormido. Debéis de hacerlo sin miedo, con valentía, demostrando quienes sois y los despiertos que estáis. Vuestro ejemplo va a hacer que otros despierten. Vosotros tenéis que hacer la diferencia. Nunca olvidaros que vuestro mundo espiritual, vuestro Ser está por encima de todo lo humano. Nunca os alejéis de este centro porque si os alejáis, toda la energía negativa que aún hay en el planeta Tierra se apoderará de vosotros y es difícil volver a la armonía y a vuestro centro. Cuando tenéis que hacer un trabajo espiritual, tenéis que tener armonía equilibrada y armoniosa pero no podéis desarmonizar otras cosas en vuestra vida. Solamente esto se permitiría si os lo piden para algo muy especial solo en ese caso debéis dejar todo lo humano. Necesito que cada uno de los que me leen con el corazón diga, ¡PADRE AQUI ESTOY!

Que la bendición y la energía de la luz siempre esté presente.

FIN

Made in the USA
Monee, IL
11 May 2021